히구치 유미코의
연결

센터 테이블클로스
page 101

히구치 유미코의
연결 자수

히구치 유미코 지음
남궁가윤 옮김

한스미디어

이 책은 연결을 주제로 한 도안집입니다.

자수는 실을 사용한 연결, 즉 이어짐의 표현입니다.
한 땀 한 땀이 이어져서 생각이나 즐거움이 두루 떠오르는,
여유 있는 시간 속에서 길러내는 편안한 예술. 저는 언제나
그런 기분으로 자수를 하고 있습니다.

사랑하는 가족이나 친구로부터, 매일매일의 생활,
기대되는 주말, 다음 여행 계획, 좋아하는 거리의 풍경,
숲의 초록색, 하늘에 펼쳐지는 구름.

수많은 즐거운 것을 상상하며 바늘과 실과 천과의
대화 속에서 다양한 연결 도안이 탄생했습니다.

이 책을 통해서 온 세상 사람들과 더욱 이어지고,
크나큰 행복의 도안으로 펼쳐지는 미래를 여러분과 함께
만들 수 있길 바랍니다.

히구치 유미코

Contents

* 주의: 이 책에서 소개한 작품의 전부 또는 일부를 상품으로 만들어 판매하는 행위는 금지되어 있습니다. 손수 만들어서 즐기기 위한 목적으로만 이용해 주세요.

시계
page 81

경쾌하게 리듬을 새기는 기분으로
문자판 전체에 수놓은 작품입니다.

주방 장갑

page 82

주방에 장식해 두면 분위기가 밝아지는 장갑 디자인이에요.
오른손잡이용으로 만들었습니다.

파우치

page 83

여자아이에게 선물할 휴대용 파우치를
생각하고 만들었습니다.

선물 주머니

page 84

리본을 풍성하게 장식한 선물 주머니.
리본이 눈에 띄도록 천은 차분한 색을 골랐습니다.

19

직사각형 파우치
page 85

뚜껑 부분에 목마가 이어지는 호화로운 자수 파우치입니다.
특별한 자리에 살짝 가져가 보세요.

화분 덮개

page 86

자수가 빙 돌아가며 이어져서 어느 쪽에서 봐도 귀여운 덮개.
매달아서 장식할 수도 있어요.

컵 받침

page 87

도안의 육각형을 살린 다각형 디자인입니다.
크기가 작아도 존재감을 자랑하지요.

옷걸이 덮개

page 88

옷장을 열 때마다 즐거워지는
특별한 옷걸이 덮개랍니다.

미니 크로스백

page 90

섬세한 실 한 가닥으로 이어서 수놓는 도안으로
조그만 크로스백 가득히 수를 놓았습니다.

미니 쿠션

page 91

밀려왔다 물러나는 파도를 바다에 흩뿌려진 꽃으로 바라본 패턴입니다.
인테리어 용도로도 잘 어울려요.

마음에 드는 집 모양을 수놓아서 만들어 보세요.
안쪽의 고리에 열쇠를 달 수 있습니다.

북 커버 & 책갈피
page 93

낙엽이 물든 가로수를 패턴으로 만들었어요.
북 커버는 문고본에 딱 맞는 크기입니다.

왕관

page 94

식물 패턴을 촘촘하게 배치한 부드러운 리넨 왕관.
왕관 뒤쪽은 리본으로 묶는 스타일입니다.

덧칼라
page 94

조그만 꽃이 흩어져 있는
깔끔하고 사랑스러운 덧칼라.
어른 사이즈 패턴으로
만들었습니다.

숄더백
page 95

도안의 선만 살린 1색 자수의 변형입니다.
그래픽 아트 스타일의 장미가 눈길을 끌어요.

조리개 주머니
page 96

바닥의 스캘럽 디자인이 포인트랍니다.
위아래를 거꾸로 해도 귀여운 도안이 됩니다.

천 상자

page 97

뚜껑 옆면까지 스티치로 꽉 채운 조그만 자수 상자.
무엇을 넣어도 잘 어울려요.

Ivy 담쟁이넝쿨 / page 78

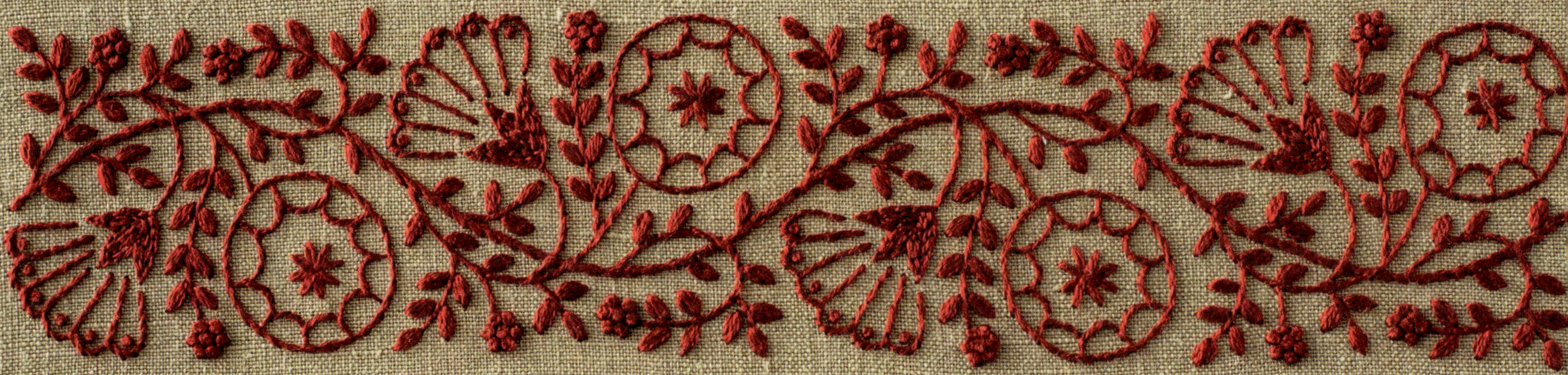

팔찌

page 98

부드러운 천으로 만들어서
오래 착용해도 팔목이 편한 팔찌입니다.

The trees | 나무 /page 79

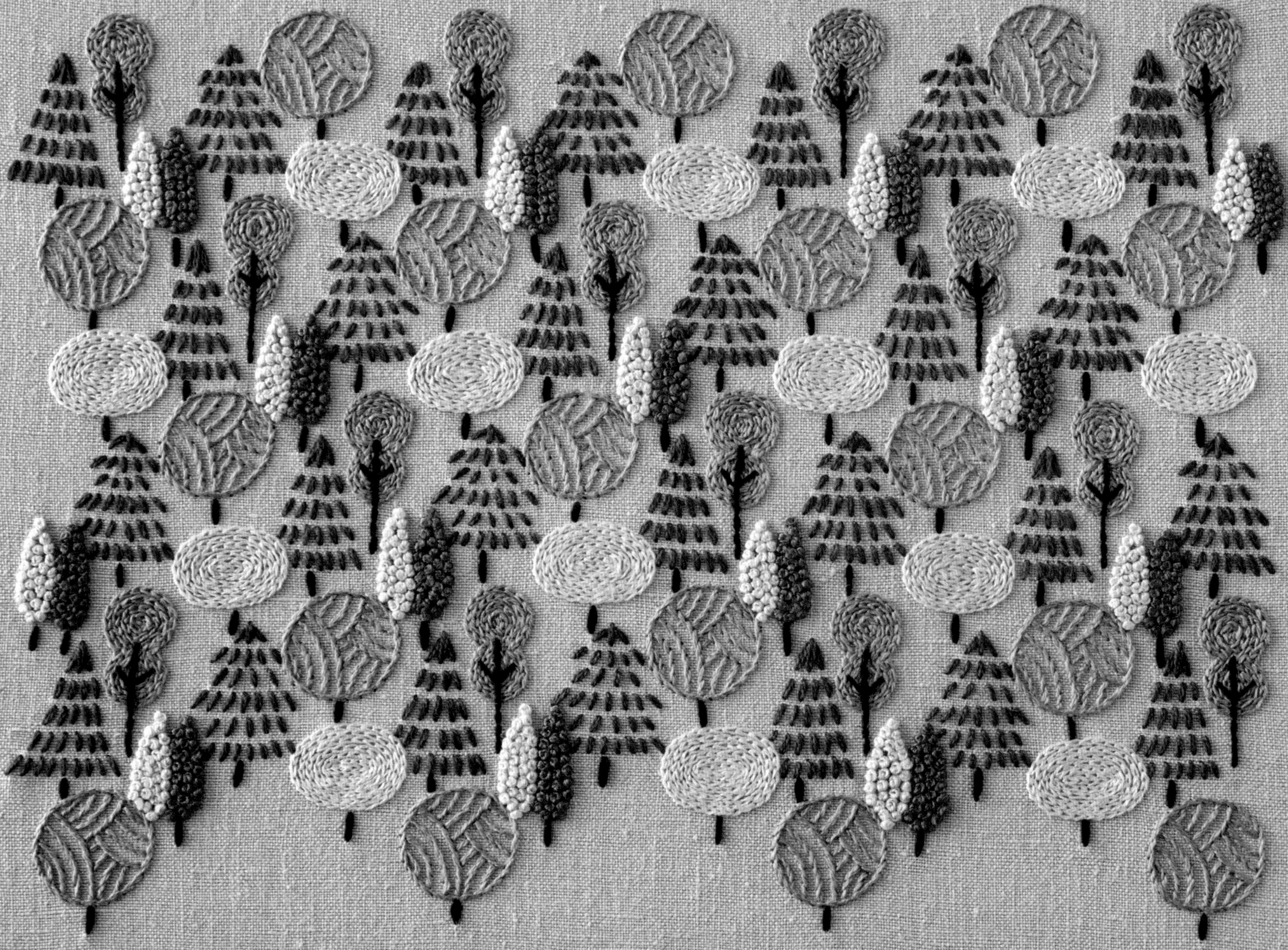

산 모양 티 코지

page 99

테이블에 작은 산을 옮겨 온 듯한 귀여운 티 코지.
큼직한 찻주전자도 푹 감쌀 수 있어요.

미니 바구니

page 100

닭이 먼저일까요, 달걀이 먼저일까요.
바라보고 있기만 해도 기분이 즐거워지는 소품이랍니다.

a **셀로판**
도안을 천에 옮겨 그릴 때 트레이싱페이퍼가 찢어지지 않도록 사용합니다.

b **트레이싱페이퍼**
도안을 옮겨 그릴 때 사용하는 얇은 종이.

c **초크 페이퍼**
도안을 천에 옮겨 그리기 위한 복사지. 검정색 등 색이 진한 천에 옮겨 그릴 때는 흰색 초크 페이퍼를 사용합니다.

d **재단 가위**
날이 잘 드는 천 전용 가위를 준비합니다.

e **실 자르는 가위**
끝이 뾰족하고 날이 얇은 타입이 사용하기 편합니다.

f **골필**
도안을 따라 그리며 천에 옮겨 그릴 때 사용합니다. 다 쓴 볼펜 등을 대신 사용해도 됩니다.

g **송곳**
수놓은 것을 고치려고 실을 풀 때 송곳이 있으면 편리합니다.

h **실 끼우개**
실을 바늘귀에 꿸 때 편리한 도구입니다.

g **바늘 & 핀 쿠션**
바늘귀가 가늘고 긴 프랑스 자수용 바늘을 사용합니다. 실 가닥수에 따라서 적합한 굵기를 고릅니다.

j **자수틀**
천을 팽팽하게 당기기 위한 틀. 자수틀을 잡았을 때 가운데까지 손가락이 닿을 수 있는 지름 10cm 정도 되는 작은 틀을 추천합니다. 도안이 클 때는 자수틀 위치를 조금씩 옮겨가며 수를 놓습니다.
천을 자수틀에 끼울 때는 잠금쇠를 꽉 조입니다. 느슨하게 조이면 천이 늘어지서 작품에 주름이 생깁니다. 조금 번거롭더라도 흰 천을 바이어스로 재단하여 안쪽 자수틀에 감아 두면 천이 자수틀에 끼웠을 때 잘 느슨해지지 않습니다.

자수실

이 책에 실린 작품은 모두 25번 자수실로 수놓았습니다. 자수실 중에서 가장 대중적인 6가닥짜리 실입니다. 제조사는 프랑스의 DMC이며 색이 선명하고 광택 있는 질감이 아름다운 자수실입니다.

천

작품은 리넨 천에 수놓았습니다. 평직 천은 수놓기 쉽고 세탁이 가능하며 감촉도 좋아서 자수를 즐기기에 알맞습니다. 리넨은 재단하기 전에 선세탁을 하고 올이 고르게 놓이도록 정리하여 그늘에서 말립니다. 다 마르기 전에 살짝 누르듯이 다려 주면 좋습니다. 주방 장갑 등의 작품에서는 폭신폭신한 안감으로 누빔천을 활용했습니다.

퀼트심

폭신하고 두께 있는 작품을 만들고 싶을 때는 단면 접착퀼트심을 안솜으로 사용합니다. 퀼트심은 천 안쪽에 다려서 접착합니다.

실 가닥수와 바늘의 선택 기준

실의 가닥수에 따라서 바늘을 바꿔 주면 수놓기가 더 쉽습니다. 바늘은 천 두께에 따라서도 바꿉니다.

25번 자수실	자수 바늘
6가닥	3·4호
3·4가닥	5·6호
1·2가닥	7~10호

＊바늘은 크로바 제품

53

스티치와 자수의 기본 | 이 책에서 사용하는 스티치 9종류와
예쁘게 마무리하기 위한 자수 요령을 정리했습니다.

Straight stitch
스트레이트 스티치

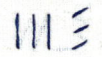

짧은 선을 그릴 때 쓰는 스티치.
실 가닥수에 따라 느낌이 달라집니다.

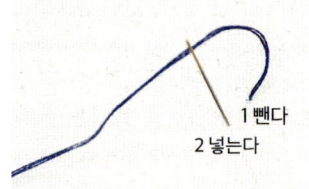

1 뺀다
2 넣는다

Running stitch
러닝 스티치

점선을 그리는 스티치. 홈질하는 요령으로 수놓습니다.

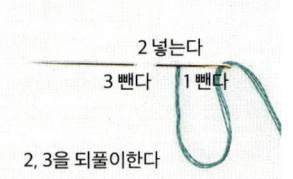

2 넣는다
3 뺀다 1 뺀다
2, 3을 되풀이한다

Outline stitch
아우트라인 스티치

가장자리를 두르거나 줄기, 가지 등을 표현할 때 사
용합니다. 곡선에서는 촘촘하게 수놓으면 깔끔하게
완성됩니다.

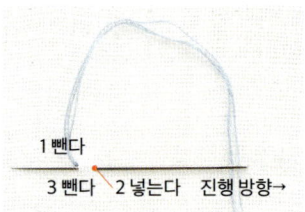

1 뺀다
3 뺀다 2 넣는다 진행 방향 →

4 넣는다
3
5 뺀다 4, 5를 되풀이한다

Chain stitch
체인 스티치

사슬 모양을 이어서 선이나 면을 표현합니다. 실을
너무 세게 당기지 말고 봉긋하게 수놓고 크기를 고
르게 만드는 것이 요령입니다.

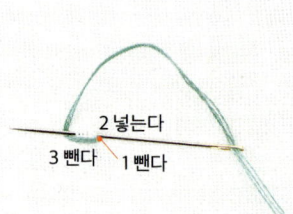

2 넣는다
3 뺀다 1 뺀다

2, 3을 되풀이한다

Point

수놓아서 면을 메울 때는 사이에
틈이 생기지 않도록 한다.

French knot stitch
프렌치 노트 스티치

기본은 두 번 감기. 크기는 실의 가닥수로 조정합니다. 눌리기 쉬우므로 마무리 단계에서 수놓습니다.

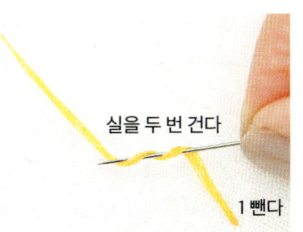

바늘에 건 실을 손가락으로 누르면서 2에 넣는다

2 넣는다   1

실을 두 번 건다

1 뺀다

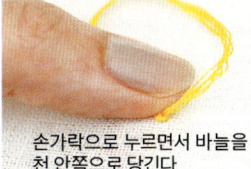

실을 당긴다

2

손가락으로 누르면서 바늘을 천 안쪽으로 당긴다

Satin stitch
새틴 스티치

실을 평행으로 걸쳐서 면을 메우는 스티치. 실의 꼬임을 주의하여 실이 고르게 걸쳐지도록 수놓으면 예쁘게 완성됩니다.

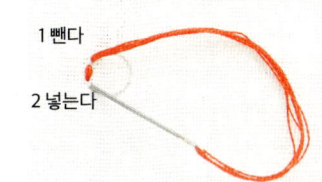

1 뺀다

2 넣는다

1, 2를 되풀이한다

Long and short stitch
롱 앤드 쇼트 스티치

길고 짧은 스티치를 나란히 놓아서 면을 메우는 스티치. 부채꼴 꽃잎 등을 수놓을 때 사용합니다.

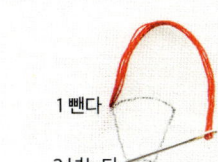

1 뺀다

2 넣는다

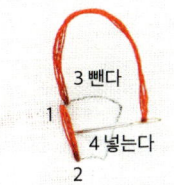

3 뺀다

1

4 넣는다

2

5 뺀다

2 6 넣는다

긴 스티치, 짧은 스티치를 되풀이한다

Lazy daisy stitch
레이지 데이지 스티치

작은 꽃의 꽃잎이나 잎 등 조그만 모양을 그릴 때 사용하는 스티치. 실을 너무 당기지 말고 봉긋하게 수놓습니다.

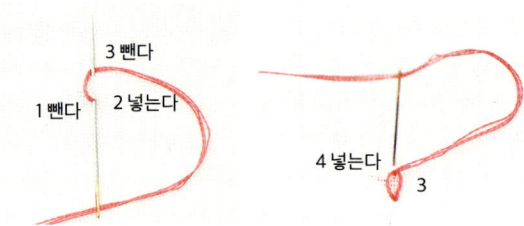

Lazy daisy stitch + Straight stitch
레이지 데이지 스티치 + 스트레이트 스티치

레이지 데이지 스티치의 가운데에 실을 한두 번 걸쳐서 부피감 있는 원을 표현합니다. 실 가닥수로 크기를 조정합니다.

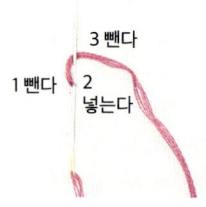

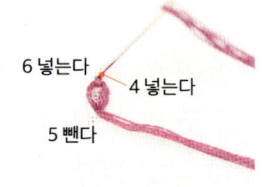

체인 스티치의 요령
[면을 메운다 ①]

빈틈없이 수놓아서 메우면 예쁘게 표현됩니다.

1 도안의 윤곽선을 수놓는다.

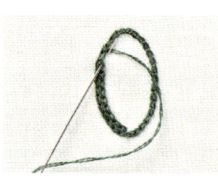

2 수놓은 윤곽선을 따라서 안쪽으로 수놓아 간다. 중간에 빈틈이 생겼으면 마지막에 그 부분만 체인 스티치나 아우트라인 스티치로 메운다.

체인 스티치의 요령
[면을 메운다 ②]

윤곽선이 안쪽에도 있을 때 수놓는 방법입니다.

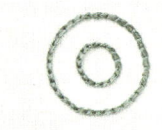

1 도안의 바깥쪽과 안쪽 윤곽선을 수놓는다.

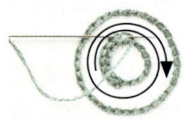

2 안쪽 윤곽선을 따라가며 바깥쪽을 향해서 수놓아 간다.

체인 스티치의 요령
[모서리를 예쁘게 그린다]

체인 스티치로 모서리까지 왔으면 일단 자수를
끝내고, 각도를 바꿔서 다른 변을 수놓는 방식
으로 합니다.

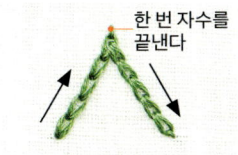

한 번 자수를 끝낸다

체인 스티치의 요령
[원을 예쁘게 그린다]

마지막 체인을 수놓을 때 처음 수놓은 체
인에 실을 통과시키면 윤곽이 깔끔하게 이
어집니다.

처음 수놓은 체인에 실을 통과시킨다

뺀다
넣는다

아우트라인 스티치의 요령
[곡선을 예쁘게 그린다]

한 땀 진행하고 반 땀 돌아오는 과정을 되풀이
합니다. 곡선에서는 바늘땀을 촘촘히 하는 것이
요령입니다.

OK
반 땀 돌아올 때는 앞의 바늘 구멍에서 바늘을 뺍니다.

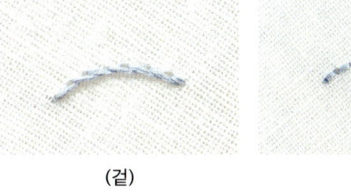

(겉)   (안)

NG
바늘땀이 커지거나 반 땀 돌아오지 않거나 하면 선이 불안정해집니다.

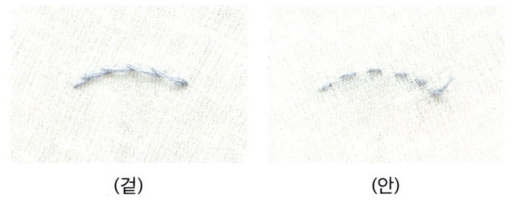

(겉)   (안)

아우트라인 스티치의 요령
[모서리를 예쁘게 그린다]

아우트라인 스티치로 직각(또는 그에 가까운 각도)
을 그릴 때는 모서리에 바늘을 넣고 안쪽 스티
치에 바늘을 통과시켜서 실이 빠지지 않도록 합
니다.

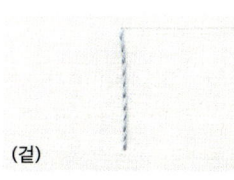

(겉)

1 모서리까지 아우트라인 스티치
를 수놓는다.

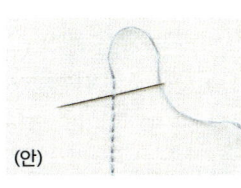

(안)

2 모서리에 바늘을 넣은 뒤에 천
안쪽의 바늘땀에 바늘을 통과
시킨다.

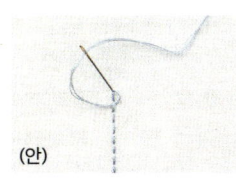

(안)

3 모서리에서 겉쪽으로 바늘
을 뺀다.

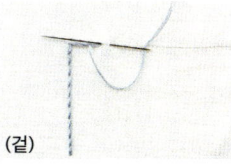

(겉)

4 다음 변을 수놓는다.

[도안 옮겨 그리는 법 ①]

천에 도안을 옮겨 그릴 때는 천을 다려서 정리한 뒤에 올의 방향이 비스듬하게 되지 않도록 도안을 가로 올과 세로 올을 따라서 배치합니다.

1 도안 위에 트레이싱페이퍼를 놓고 옮겨 그린다.

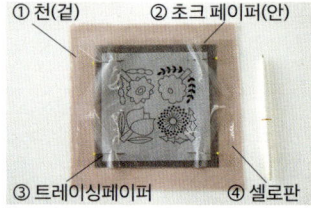

① 천(겉) ② 초크 페이퍼(안)
③ 트레이싱페이퍼 ④ 셀로판

2 사진의 순서대로 겹쳐서 시침핀으로 고정한 뒤에 골필로 도안을 따라 그린다.

> 라이트테이블 대신에 창문에서 도안을 비치게 하여 옮겨 그릴 수도 있습니다. 이 경우에는 1의 트레이싱페이퍼와 천을 창문 유리에 마스킹테이프로 붙여서 도안을 비치게 합니다.

[도안 옮겨 그리는 법 ②]

큰 도안을 옮겨 그릴 때 편리한 <mark>라이트테이블</mark>을 사용하는 방법입니다. 두껍거나 색이 진한 천은 잘 비치지 않으므로 방법 ①을 사용합니다.

1 잘 비치도록 두꺼운 사인펜(검정)을 사용하여 트레이싱페이퍼에 도안을 옮겨 그린다.

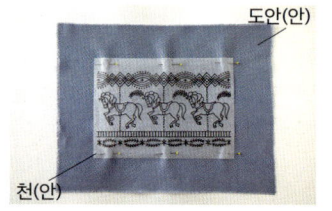

도안(안)
천(안)

2 천과 1을 사진에 있는 방향대로 겹치고 시침핀으로 고정한다.

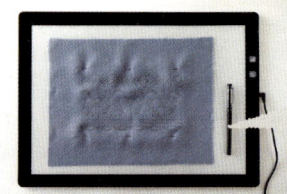

3 라이트테이블 위에 2를 겉이 위로 오게 놓고, 열로 지워지는 펜으로 도안을 따라 천에 옮겨 그린다.

> "열로 지워지는 펜은 가는 사인펜 타입을 추천. 볼펜 타입은 천의 올에 걸려서 그리기 힘들다."

[실 취급법 ①]

25번 자수실은 정해진 가닥수를 실타래에서 1가닥씩 뽑은 뒤에 가지런히 정리해서 사용합니다. 꼬임이 풀려서 실이 가지런해집니다.

1 타래 안쪽에 있는 실 끝을 손가락으로 잡고 60cm 정도 끌어낸 뒤에 실을 자른다.

2 1가닥씩 필요한 가닥수만큼 뽑아서 고르게 정리한다.

[실 취급법 ②]

필요한 가닥수만큼 실을 고르게 정리한 뒤에 바늘에 꿰는데, 이때 짝수 가닥수와 홀수 가닥수에서 가닥수 뽑는 법이 다릅니다.

6가닥일 때는 3가닥, 4가닥일 때는 2가닥을 반을 접는다.

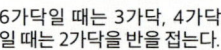

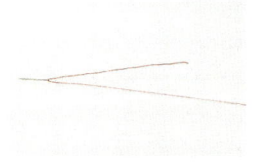

짝수일 때: 2가닥일 때는 실 1가닥을 바늘에 꿰고 반으로 접어서 양 끝을 합쳐 매듭짓는다.

홀수일 때: 필요한 가닥수 그대로 실을 뽑아서 바늘에 꿰고 한쪽 끝에 매듭짓는다.

[매듭짓기]

수놓기 시작할 때는 실 끝에 매듭을 짓습니다.

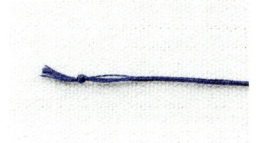

1 바늘에 실을 꿰고 실 끝에 바늘 끝을 겹친다.

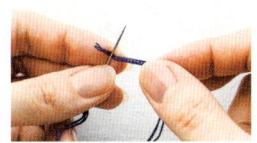

2 바늘 끝에 실을 두 번 감는다.

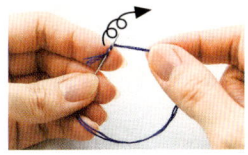

3 실을 감은 부분을 손가락으로 집어서 누르며 바늘을 빼서 매듭이 실 끝으로 갈 때까지 그대로 당긴다.

[자수 시작 ①]

체인 스티치나 아웃라인 스티치 등 선을 그리는 스티치를 시작하는 방법입니다.

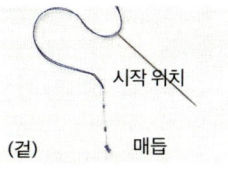

(겉) 매듭 시작 위치

1 스티치 시작 위치를 향해서 도안선 위에 반박음질을 몇 땀 한 뒤에 시작 위치에서 실을 뺀다.

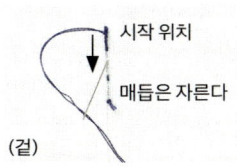

(겉) 시작 위치 매듭은 자른다

2 1의 바늘땀에 겹치듯이 정해진 스티치를 하고 나서 매듭은 자른다.

[자수 시작 ②]

새틴 스티치나 롱 앤드 쇼트 스티치 등 면을 메우는 스티치를 시작하는 방법입니다.

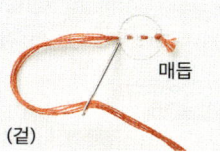

(겉) 매듭

1 스티치 시작 위치를 향해서 도안선 안에 반박음질을 몇 땀 한 뒤에 시작 위치에서 실을 뺀다.

(겉)

2 1의 바늘땀을 덮듯이 정해진 스티치를 하고 나서 매듭은 자른다.

[자수 끝 ①]

체인 스티치나 아웃라인 스티치 등 선을 그리는 스티치를 끝내는 방법입니다.

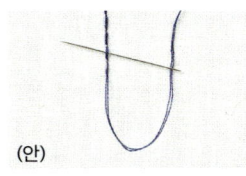

(안)

1 천 안쪽으로 실을 빼고 스티치에 실을 통과시킨다.

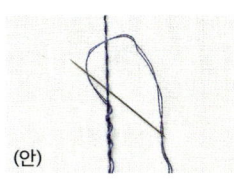

(안)

2 스티치에 실을 몇 번 얽은 뒤에 실을 자른다.

[자수 끝 ②]

새틴 스티치나 롱 앤드 쇼트 스티치 등 면을 메우는 스티치를 끝내는 방법입니다.

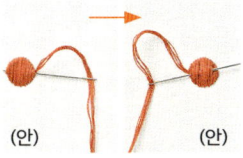

(안) (안)

1 천 안쪽으로 실을 빼고 스티치 아래로 실을 통과시켜서 빼낸 뒤 다시 되풀이한다.

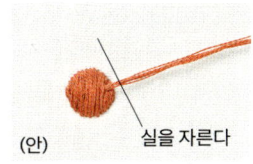

(안) 실을 자른다

2 실을 자른다.

[실 바꾸기 등을 할 때]

실 바꾸기나 줄기에서 나온 가지를 수놓을 때 등 이미 스티치가 있을 때 다시 시작하는 방법입니다.

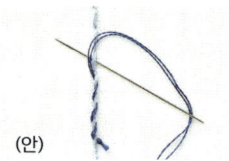

(안)

매듭지은 실을 천 안쪽 면에 있는 스티치에 얽고 시작 위치에서 실을 뺀다. 매듭은 나중에 자른다.

[작품을 완성했으면]

작품을 완성했으면 꼼꼼하게 후처리를 합니다. 그러면 작품 완성도가 한결 높아집니다.

1. 도안을 표시한 자국을 지운다

천 안쪽에서 분무기로 물을 뿌려서, 스티치에서 삐져나온 표시 자국을 지운다(물로 지워지는 타입인 경우). 자잘한 부분은 물을 묻힌 면봉으로 적셔서 지운다.

2. 다림질을 한다

표시한 자국이 지워진 것을 확인한 뒤에 천 안쪽에서 살짝 다려 준다. 입체적인 스티치는 눌리기 쉬우므로 작품 밑에 수건을 깔고 위에서 다리는 게 좋다. 표시한 자국이 남은 채 다리면 잉크가 지워지지 않으므로 주의한다.

소품 만들기의 요령
[곡선 시접의 처리]

시접 처리를 제대로 하면, 겉으로 뒤집었을 때 천이 울지 않고 곡선 모양이 예쁘게 나옵니다.

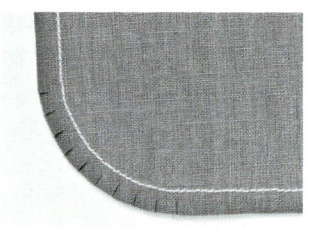

곡선으로 된 부분의 시접은 겉으로 뒤집기 전에 시접에 같은 간격으로 가위집을 넣는다. 이때 박음질한 실까지 자르지 않도록 주의한다.

소품 만들기의 요령
[공그르기]

창구멍 등을 막을 때 바늘땀이 겉으로 아주 조금만 보여서 깔끔하게 마무리할 수 있는 바느질법입니다.

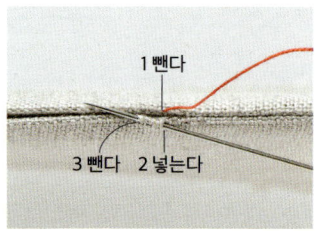

1 빼다
3 빼다 2 넣는다

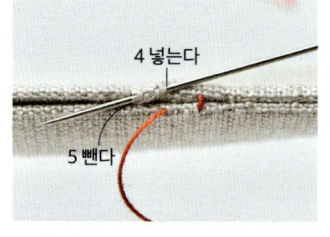

4 넣는다
5 빼다

1 바늘땀 바로 옆에서 바늘을 빼고 똑바로 아래로 내려온 위치에서 다른 천에 바늘을 넣어서 한 땀을 뜬다.

2 1과 같은 요령으로 똑바로 위로 올라간 위치에 바늘을 넣어서 한 땀 뜬다

3 1, 2를 되풀이하여 ㄷ자를 그리듯이 꿰맨다.

자수 도안과 소품 만드는 법

여기서부터는 도안 21종류와 수놓는 법, 자수 소품 만
드는 법을 소개합니다. 도안은 마음에 드는 부분만 수
놓거나 반복하며 이어 크게 만들거나 하는 식으로 자유
롭게 즐겨 보세요.

- 도안 속의 S는 스티치의 약자, ( ) 안의 숫자는 실 가닥수, 번호는
  DMC 25번 자수실의 색 번호입니다.
- 소품 만드는 법에서 사용한 숫자 중에서 특별히 지정하지 않은 숫
  자의 단위는 cm입니다.

노래 (page 12)

◎ DMC 25번 자수실 168, 640, 920, 950, 3051, 3768, 3778
＊ 지정된 것 이외의 동그라미 표시는 프렌치 노트 S, 이외의
　 지정되지 않은 부분은 스트레이트 S
＊ 지정된 것 이외에는 4겹
＊ ( ) 안의 숫자는 실의 가닥수

레이지 데이지 S+
스트레이트 S
3778

롱 앤드 쇼트 S
920

아우트라인 S(3)
3051

950

3768

3778

(6)950

체인 S(2) 3778

레이지 데이지 S+
스트레이트 S(2)
920

레이지 데이지 S+
스트레이트 S(2)
640

아우트라인 S(2)
640

(6)168

새틴 S
950

3778

아우트라인 S(3)
3051

920

950

(2)3768

새틴 S
168

아우트라인 S(3)
168

아우트라인 S(3)
3051

3768

체인 S(2) 3778

950

러닝S(6)
168

Apple life cycle

사과의 일생 (page 14)

◎ DMC 25번 자수실 ecru, 22, 168, 169, 310, 898

＊ 굵은 선으로 된 줄기는 아우트라인 S(4) 898, 이외의 지정되지 않은 부분은 체인 S(2)

＊ 지정된 것 이외에는 2겹

＊ ( ) 안의 숫자는 실의 가닥수

프렌치 노트 S(6)
22

롱 앤드 쇼트 S(4) ecru

새틴 S(4)
22

체인 S 위에서 새틴
S(4) 169

ecru

ecru

체인 S 위에서
스트레이트 S(4)
310

스트레이트 S
ecru

아우트라인 S
168

898

레이지 데이지 S+
스트레이트 S(4)
169

22

스트레이트 S(4)
310

아우트라인 S(1)
898

스트레이트 S
168

Girl

수다쟁이 여자아이 (page 16)

◎ DMC 25번 자수실 733, 829, 932, 950, 3042, 3832, 3850
* 지정된 것 이외에는 체인 S(2)
* 지정된 것 이외에는 2겹
* ( ) 안의 숫자는 실의 가닥수

스트레이트 S(4)
733

새틴 S(4)
932

프렌치 노트 S
3832

아웃라인 S(1)
3832
*짧은 선은 스트레이트 S(1)

아웃라인 S
829

3850

레이지 데이지 S+
스트레이트 S
3850

3042

스트레이트 S(4)
733

스트레이트 S
829

옷의 체인 S 위에서
프렌치 노트 S(4)
829

새틴 S(4)
829

프렌치 노트 S(6)
950

새틴 S(4)
3832

950

3832

Ribbon

리본 (page 18)

◎ DMC 25번 자수실 01, 04, 150, 3687
* 모두 아우트라인 S 2겹

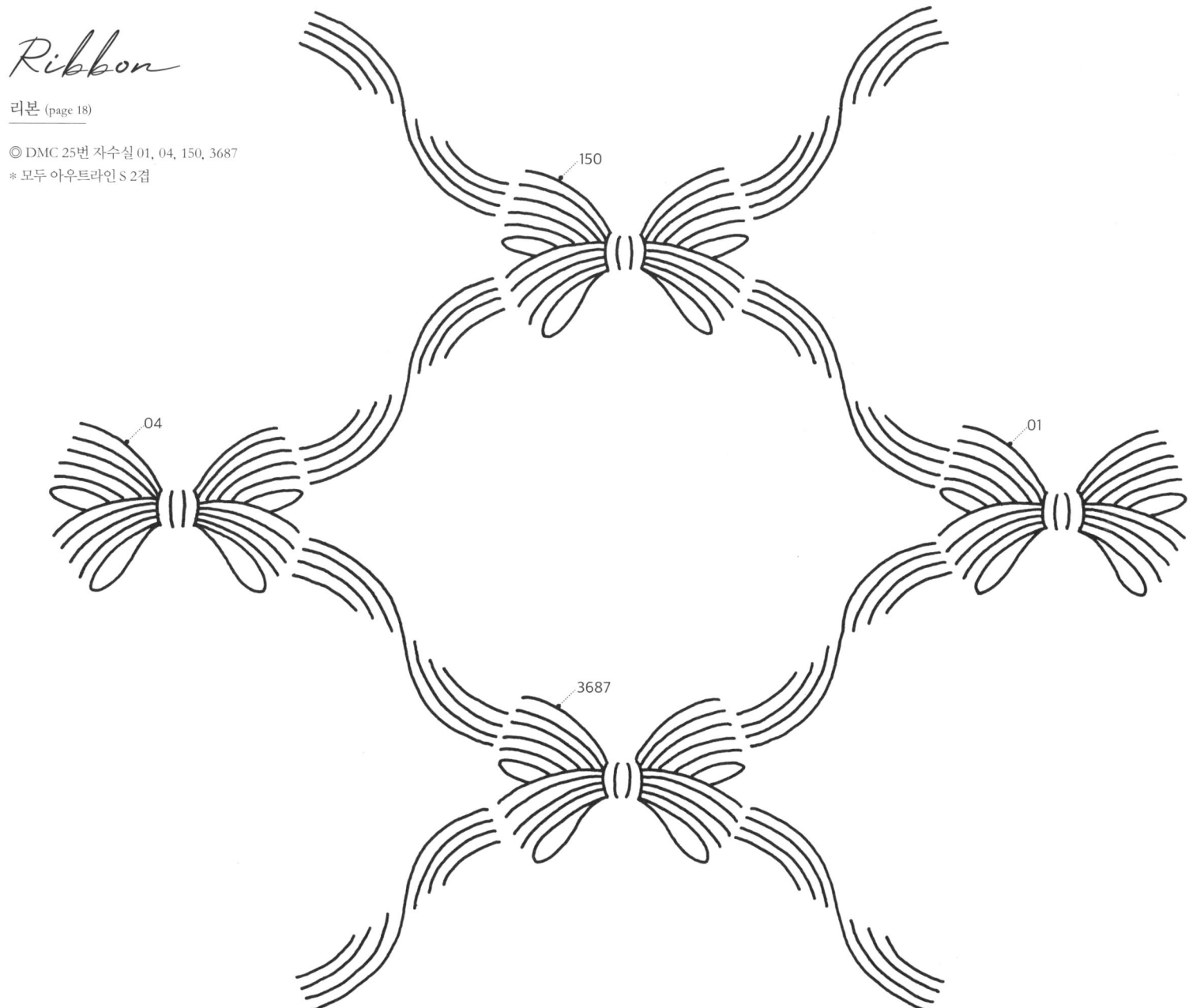

Merry-go-round

회전목마 (page 20)

◎ DMC 25번 자수실 224, 310, 501, 611, 645, 733, 932, 3865
* 지정된 것 이외에는 아우트라인 S
* 지정된 것 이외에는 2겹
* ( ) 안의 숫자는 실의 가닥수

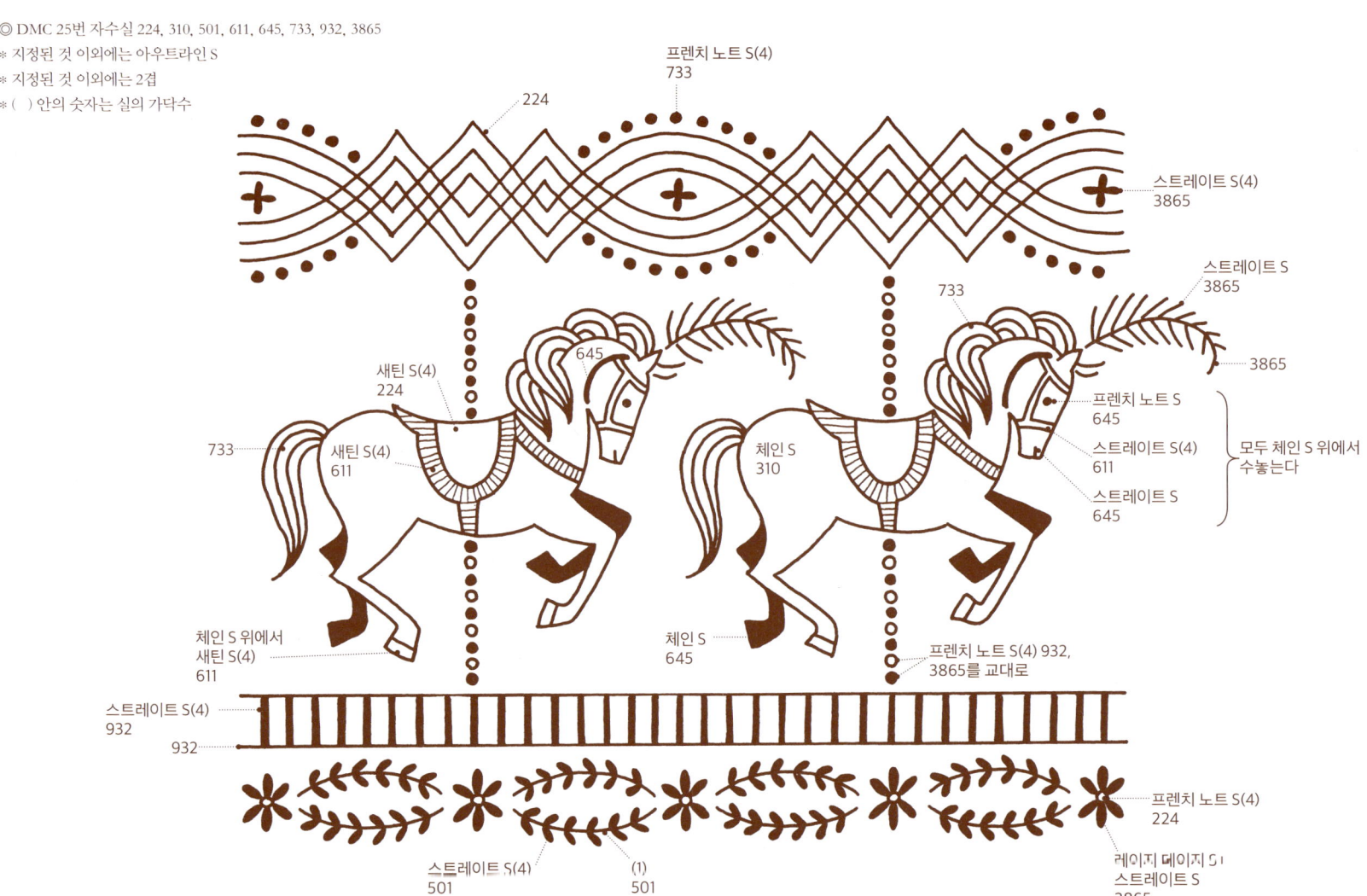

프렌치 노트 S(4)
733

224

스트레이트 S(4)
3865

스트레이트 S
3865

733

3865

새틴 S(4)
224

645

프렌치 노트 S
645

733

새틴 S(4)
611

체인 S
310

스트레이트 S(4)
611

모두 체인 S 위에서
수놓는다

스트레이트 S
645

체인 S 위에서
새틴 S(4)
611

체인 S
645

프렌치 노트 S(4) 932,
3865를 교대로

스트레이트 S(4)
932

932

프렌치 노트 S(4)
224

스트레이트 S(4)
501

(1)
501

레이지 데이지 S 나
스트레이트 S
3865

66

Soil and roots

흙과 뿌리 (page 22)

◎ DMC 25번 자수실 310, 319, 502, 833, 986, 3033, 3363, 3790, 3865
* 지정된 것 이외에는 아우트라인 S
* 지정된 것 이외에는 2겹
* ( ) 안의 숫자는 실의 가닥수

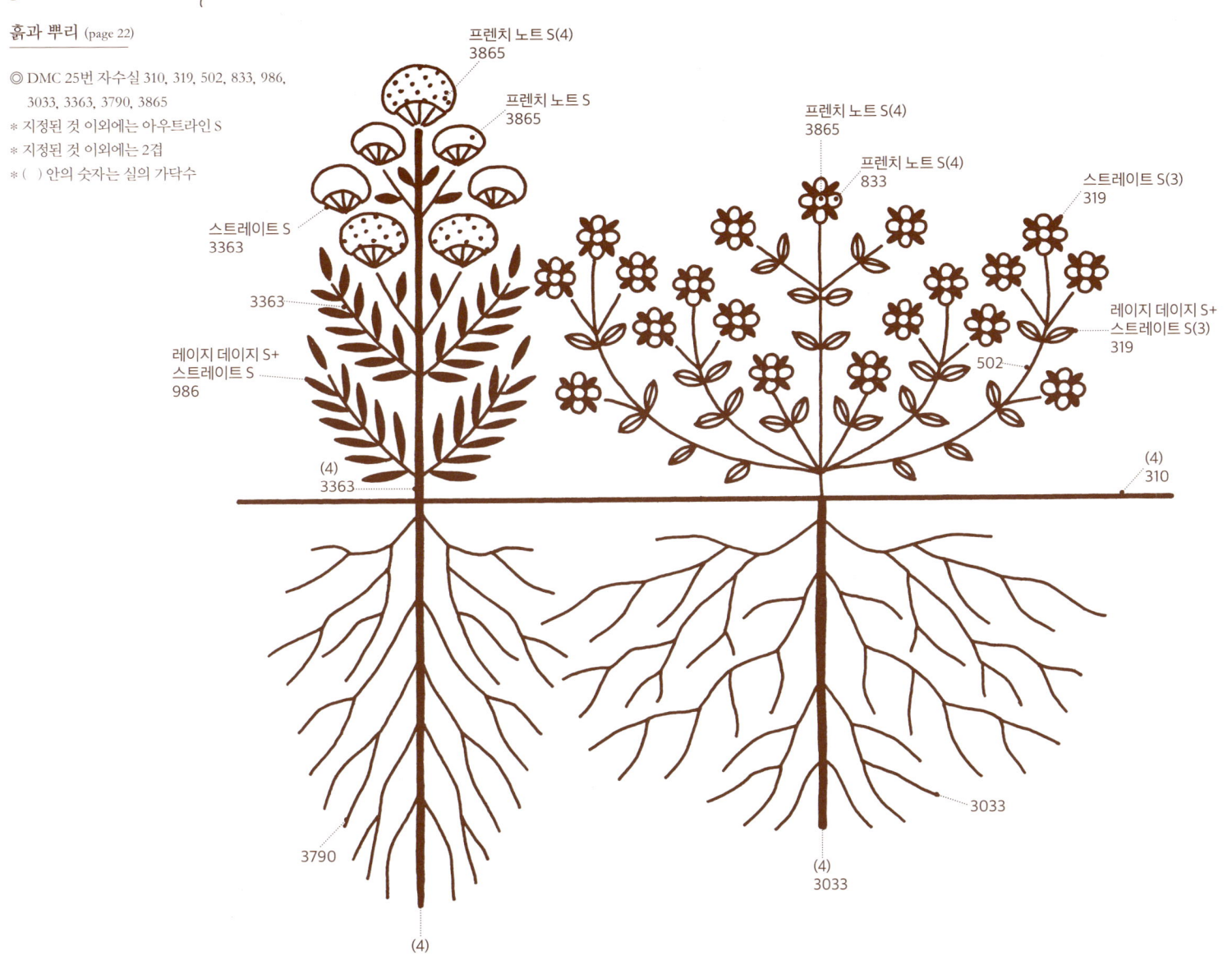

프렌치 노트 S(4)
3865

프렌치 노트 S
3865

프렌치 노트 S(4)
3865

프렌치 노트 S(4)
833

스트레이트 S(3)
319

스트레이트 S
3363

레이지 데이지 S+
스트레이트 S(3)
319

3363

레이지 데이지 S+
스트레이트 S
986

502

(4)
3363

(4)
310

3033

3790

(4)
3033

(4)
3790

Flower hexagon

꽃 육각형 (page 24)

◎ DMC 25번 자수실

310, 319, 739, 832, 986 (컵 받침은 739를 3782로)

＊( ) 안의 숫자는 실의 가닥수

컵 받침 패턴선

프렌치 노트 S(4)
739
＊컵 받침은 3782

스트레이트 S(6)
319

아웃트라인 S(2)
986

프렌치 노트 S(4)
310

스트레이트 S(1)
310

체인 S(2)
739
＊컵 받침은 3782

세틴 S(4)
832와 310

Circus

서커스 (page 26)

◎ DMC 25번 자수실 310, 829, 950, 3865
* 지정된 것 이외에는 새틴 S(3)
* ( ) 안의 숫자는 실의 가닥수

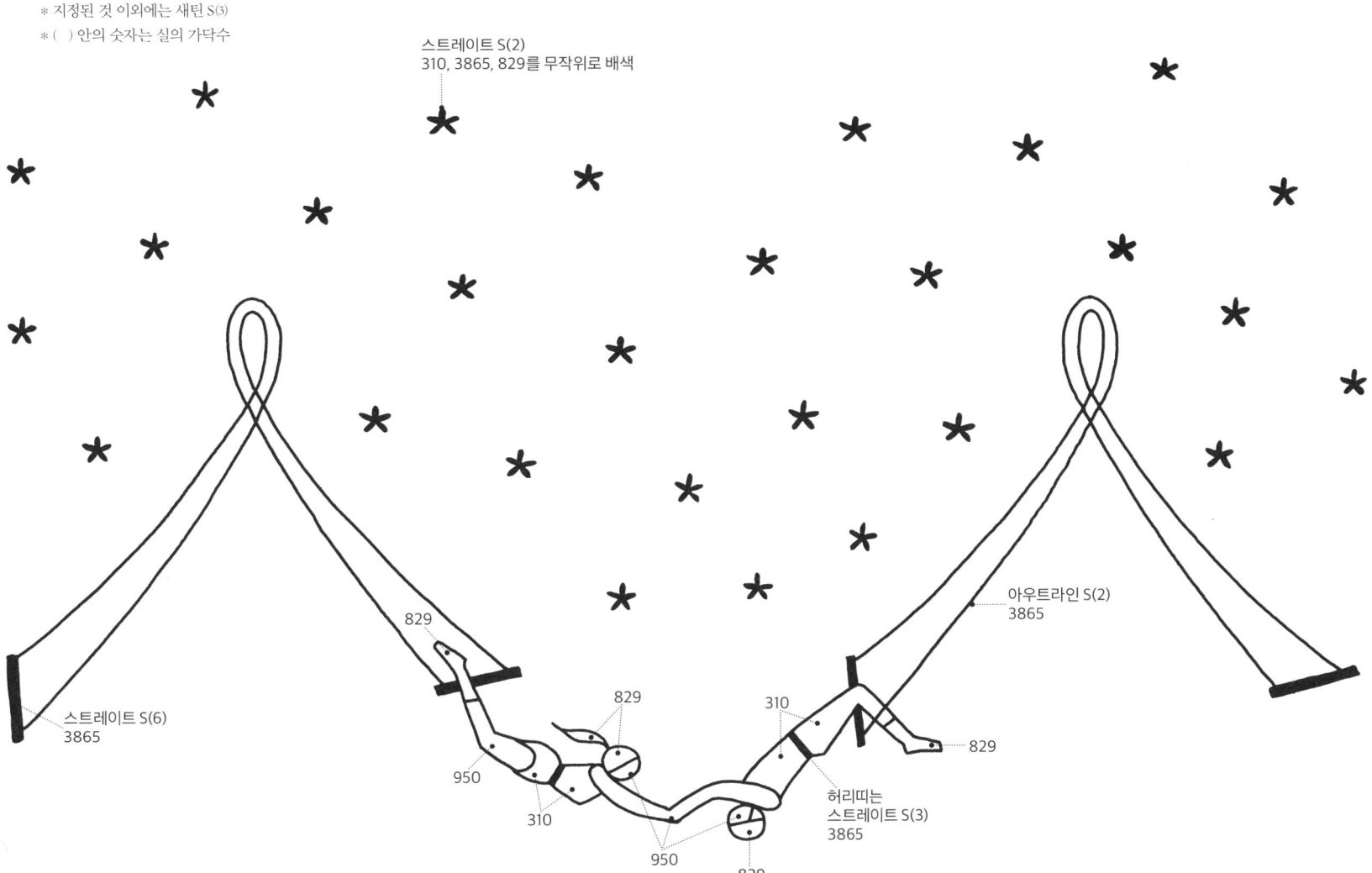

스트레이트 S(2)
310, 3865, 829를 무작위로 배색

아웃라인 S(2)
3865

829

스트레이트 S(6)
3865

829

950

310

310

829

829

허리띠는
스트레이트 S(3)
3865

950

950

829

Light

빛 (page 28)

◎ DMC 25번 자수실 310, 3866 (미니 크로스백은 3866을 05로)

＊ 지정된 것 이외에는 체인 S(1) 3866

＊ 지정되지 않은 스티치는 3866 1겹

＊ ( ) 안의 숫자는 실의 가닥수

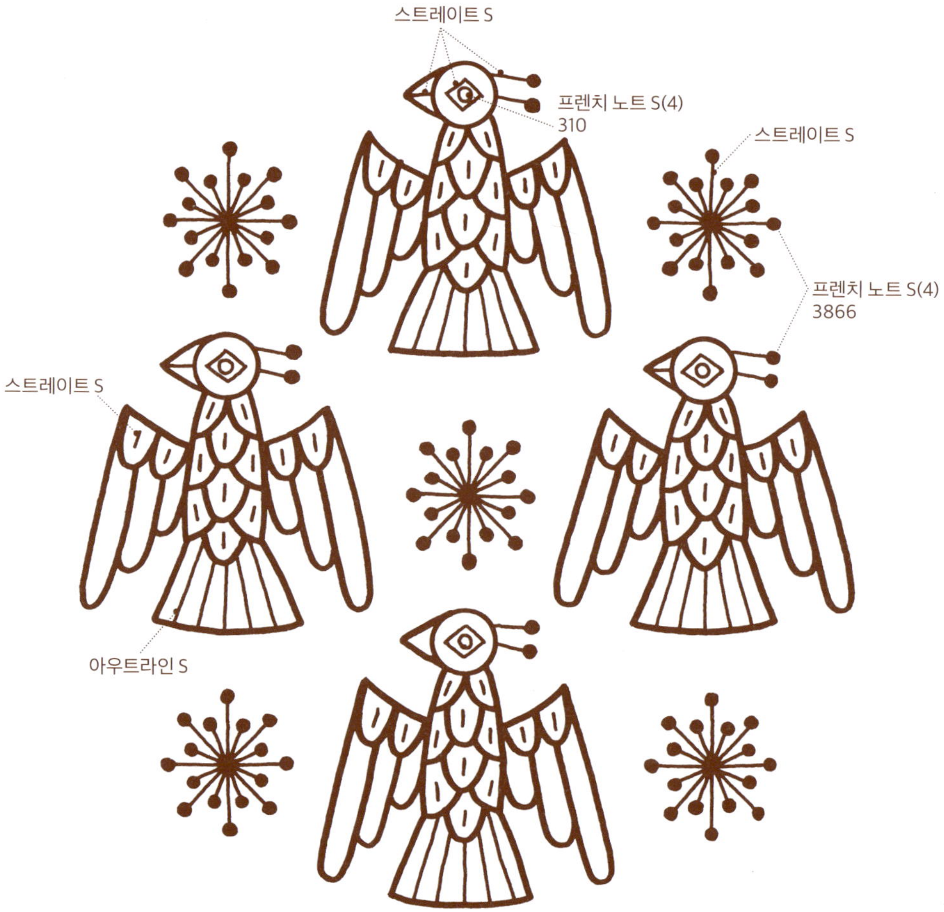

스트레이트 S

프렌치 노트 S(4)
310

스트레이트 S

프렌치 노트 S(4)
3866

스트레이트 S

아우트라인 S

Wave

파도 (page 30)

◎ DMC 25번 자수실 ecru
＊ 지정된 것 이외에는 아우트라인 S(2)
＊ ( ) 안의 숫자는 실의 가닥수

레이지 데이지 S+
스트레이트 S(2)

아우트라인 S(1)

프렌치 노트 S(4)

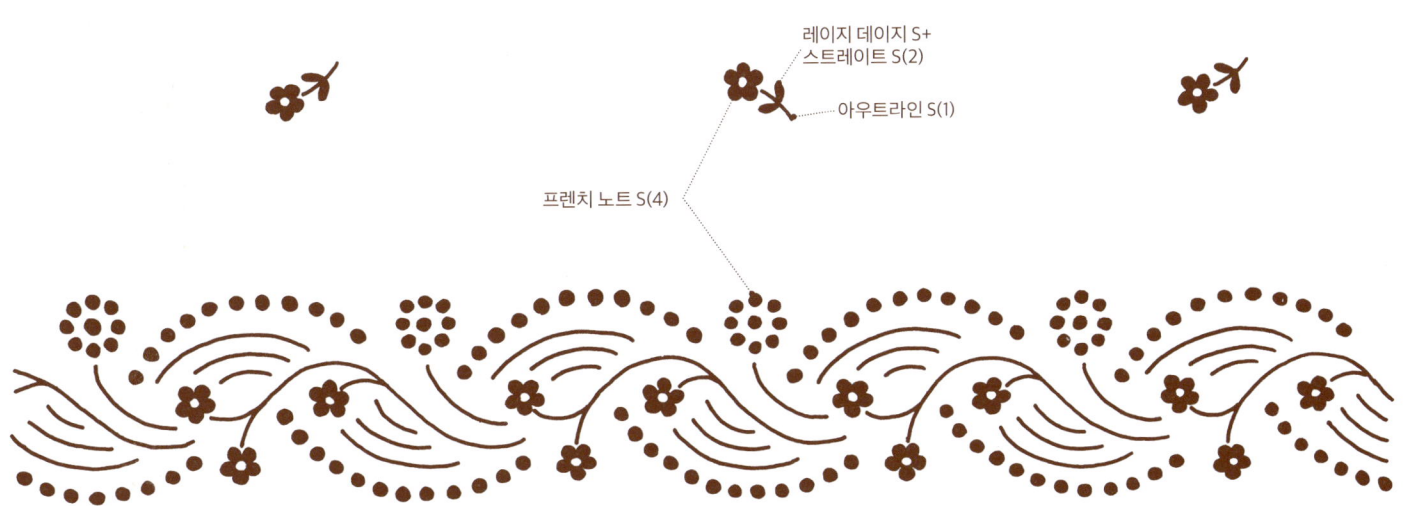

Houses

집 (page 32)

◎ DMC 25번 자수실 733, 3866 (열쇠 케이스는 별을
　3866, 집을 310으로)

＊ 지정된 것 이외에는 아우트라인 S(1) 3866

＊ ( ) 안의 숫자는 실의 가닥수

스트레이트 S(2)
733

프렌치 노트 S(2)
3866

짧은 선은 스트레이트
S(2) 3866

스트레이트 S(2)
3866

스트레이트 S(1)
3866

굵은 선은 아우트라인
S(2) 3866

Road

길 (page 34)

◎ DMC 25번 자수실 823, 840, 918, 3866
※ 지정된 것 이외에는 아우트라인 S(2)
※ ( ) 안의 숫자는 실의 가닥수

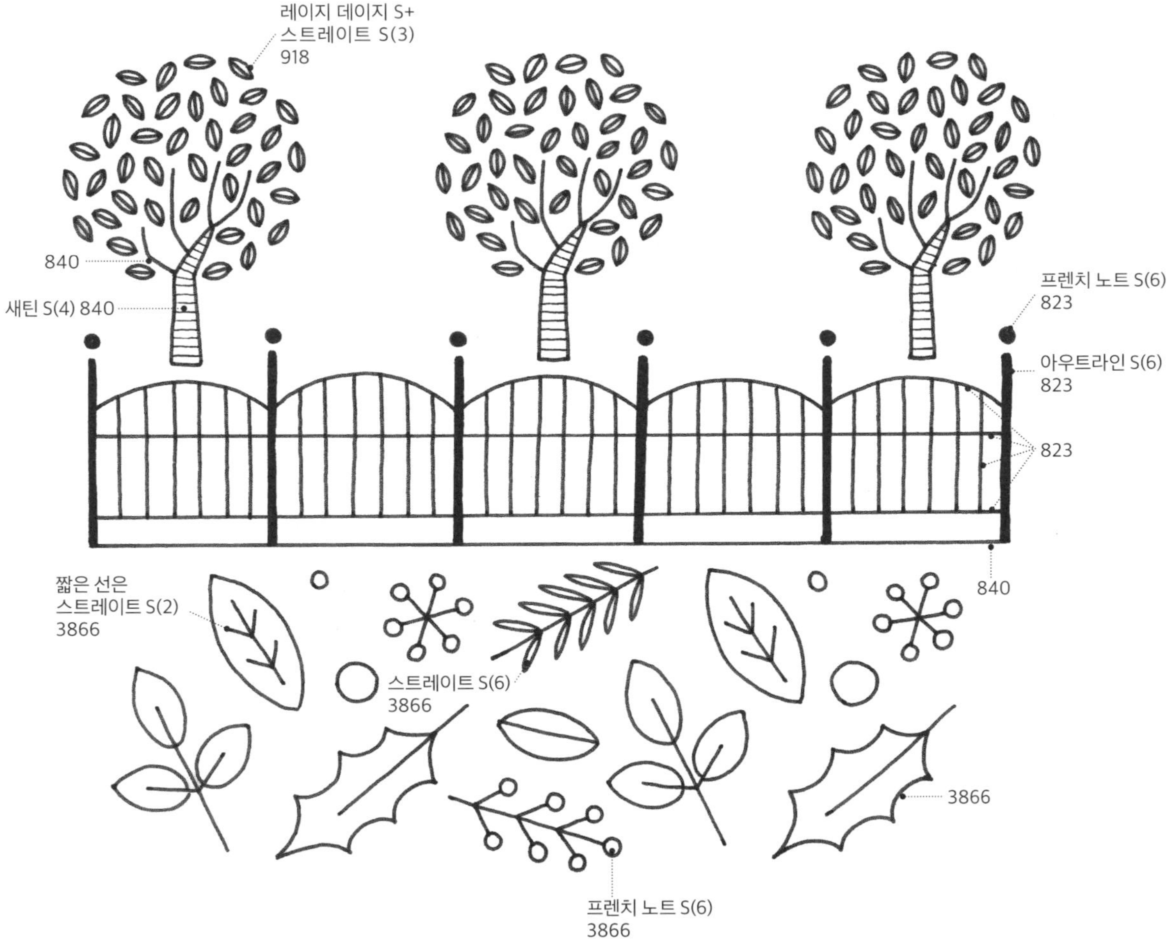

레이지 데이지 S+
스트레이트 S(3)
918

840

새틴 S(4) 840

프렌치 노트 S(6)
823

아우트라인 S(6)
823

823

840

짧은 선은
스트레이트 S(2)
3866

스트레이트 S(6)
3866

3866

프렌치 노트 S(6)
3866

책갈피의 패턴선

Crown

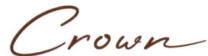

식물 왕관 (page 36)

◎ DMC 25번 자수실 739, 833, 869, 895, 3346
＊ 지정된 것 이외에는 아우트라인 S(2)
＊ ( ) 안의 숫자는 실의 가닥수

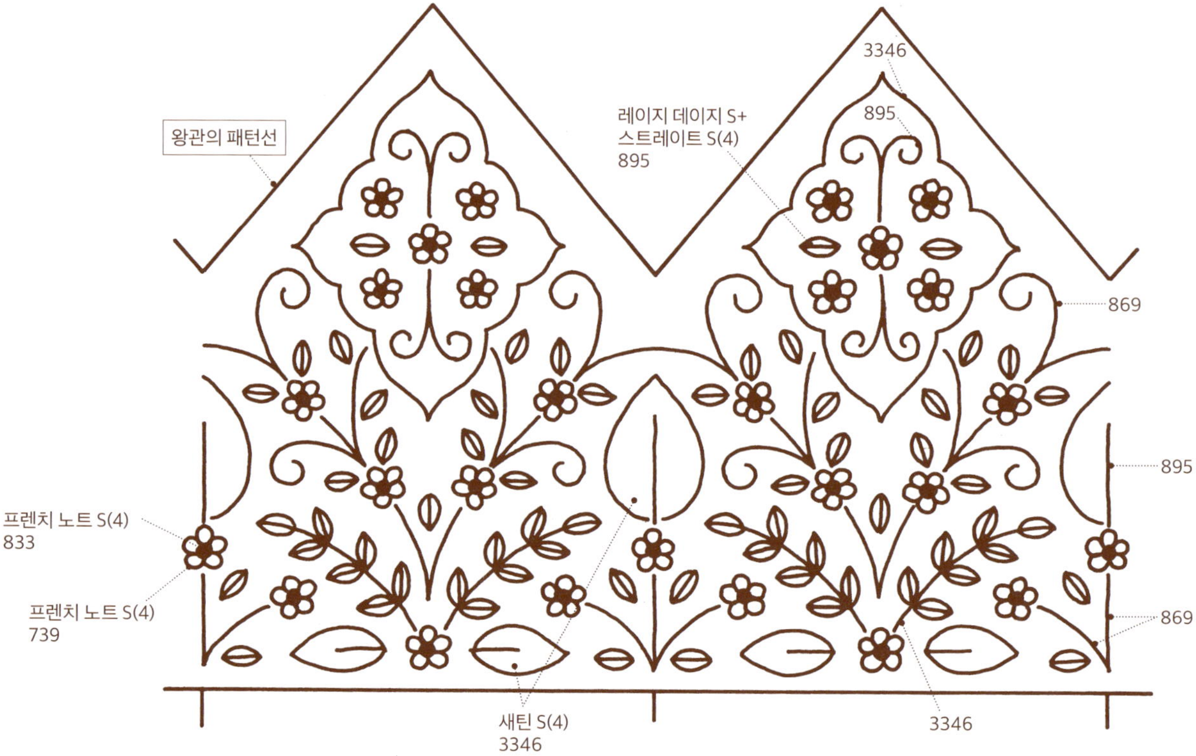

왕관의 패턴선
3346
895
레이지 데이지 S+
스트레이트 S(4)
895
869
895
프렌치 노트 S(4)
833
프렌치 노트 S(4)
739
869
새틴 S(4)
3346
3346

Blessed flower

축복의 꽃 (page 38)

◎ DMC 25번 자수실 522, 600, 834, 904, 962, 986, 3755, 3847, 3865
* 지정된 것 이외에는 아웃트라인 S
* ( ) 안의 숫자는 실의 가닥수

(2)
522

프렌치 노트 S(3)
3865

레이지 데이지 S+
스트레이트 S(3)
834

프렌치 노트 S(2)
600

(1)
600

(1)
3847

레이지 데이지 S+
스트레이트 S(2)
3847

체인 S(1)
986

프렌치 노트 S(3)
834

스트레이트 S(1)
986

레이지 데이지 S+
스트레이트 S(3)
3865

(1)
522

프렌치 노트 S(4)
3755

새틴 S(4)
522

체인 S(1)
986

(2)
904

레이지 데이지 S+
스트레이트 S(3)
962

(2)
986

체인 S(1)
904

새틴 S(4)
501

롱 앤드 쇼트 S(6)
3866

레이지 데이지 S+
스트레이트 S(4)
502

아웃트라인 S(2)
502

프렌치 노트 S(6)
832

501

새틴 S(4)
502

롱 앤드 쇼트 S(4)
501

새틴 S(4)
739

554

프렌치 노트 S(6)
739

3755   739

931

스트레이트 S(2)
739

새틴 S(4)
502

새틴 S(4)
501

501

Four seasons flower

사계절 꽃 (page 44)

◎ DMC 25번 자수실 501, 502, 554, 739, 832, 931, 3755, 3866
* 지정된 것 이외에는 체인 S(2)
* ( ) 안의 숫자는 실의 가닥수

Eden

에덴 (page 40)

◎ DMC 25번 자수실 561, 840, 3033, 3722, 3799
　(솔더백은 모두 3033)
* 도안의 윤곽선은 체인 S(2) 3799, 면은 새틴 S(6)
* 솔더백은 면을 메우는 스티치는 생략
* ( ) 안의 숫자는 실의 가닥수

840

561

840

840

스트레이트 S(4)
3799

흰색 꽃은 3033
분홍색 꽃은 3722

새틴 S 위에서
스트레이트 S(4)
3799

Flower scale pattern

꽃 비늘무늬 (page 42)

◎ DMC 25번 자수실 28, 223, 224, 500, 647, 3721, 3866
＊ 굵은 선은 아우트라인 S(3) 647
＊ 지정된 것 이외에는 2겹
＊ ( ) 안의 숫자는 실의 가닥수

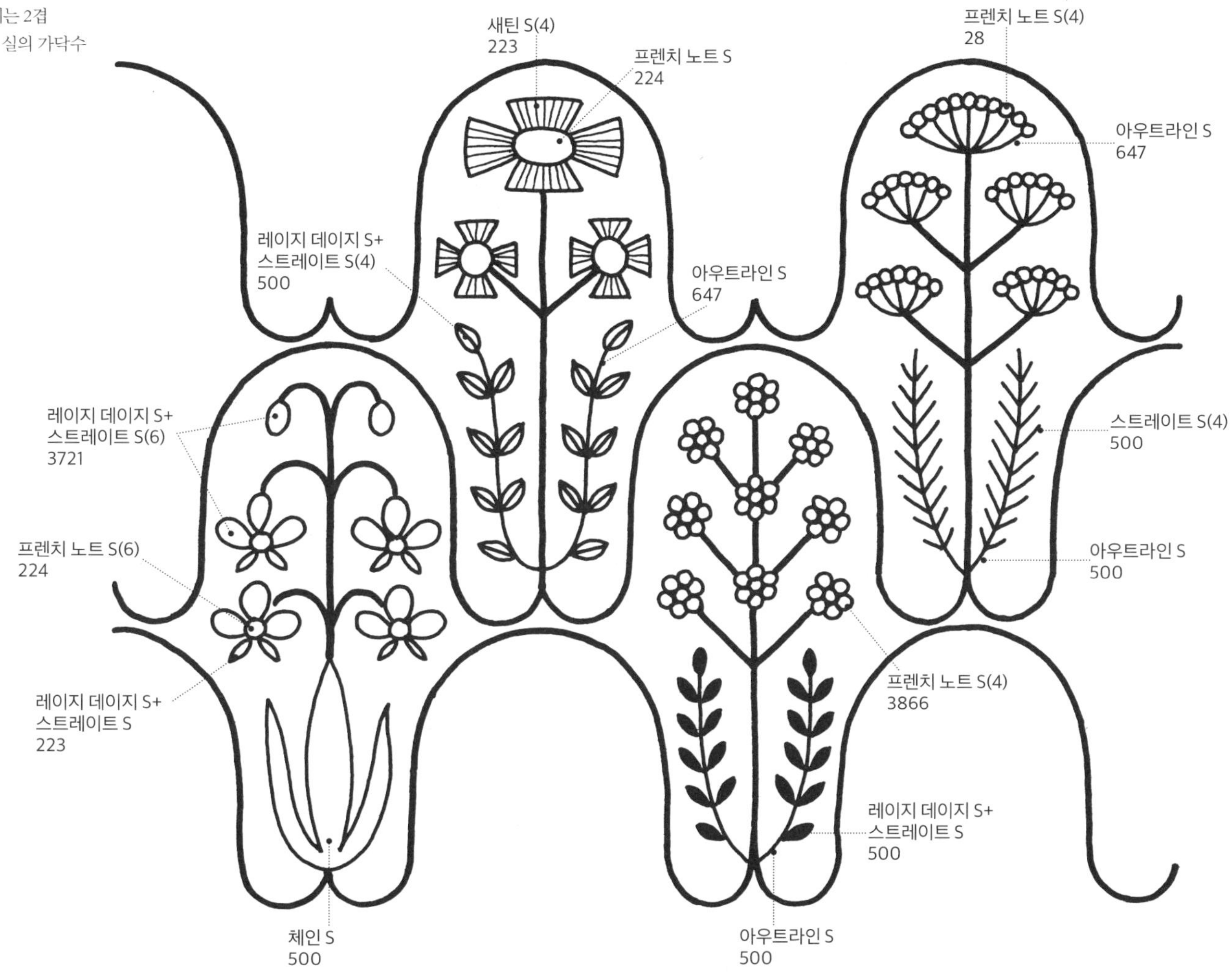

새틴 S(4)
223

프렌치 노트 S
224

프렌치 노트 S(4)
28

아우트라인 S
647

레이지 데이지 S+
스트레이트 S(4)
500

아우트라인 S
647

레이지 데이지 S+
스트레이트 S(6)
3721

스트레이트 S(4)
500

프렌치 노트 S(6)
224

아우트라인 S
500

레이지 데이지 S+
스트레이트 S
223

프렌치 노트 S(4)
3866

레이지 데이지 S+
스트레이트 S
500

체인 S
500

아우트라인 S
500

Ivy

담쟁이넝쿨 (page 46)

◎ DMC 25번 자수실 3777 (팔찌는 610)

＊ 지정된 것 이외에는 아우트라인 S(2)

＊ ( ) 안의 숫자는 실의 가닥수

팔찌의 패턴선

레이지 데이지 S+
스트레이트 S(3)

스트레이트 S(4)

가운데 줄기는
아우트라인 S(4)

팔찌의 끈 다는 위치

프렌치 노트 S(2)

프렌치 노트 S(4)

체인 S(2)

The trees

나무 (page 48)

◎ DMC 25번 자수실 02, 310, 645, 924, 926
　(티 코지는 모두 3024)
* 지정된 것 이외에는 4겹
* 티 코지는 스트레이트 S(4), 이외에는
　모두 아웃라인 S(1)
* (　) 안의 숫자는 실의 가닥수

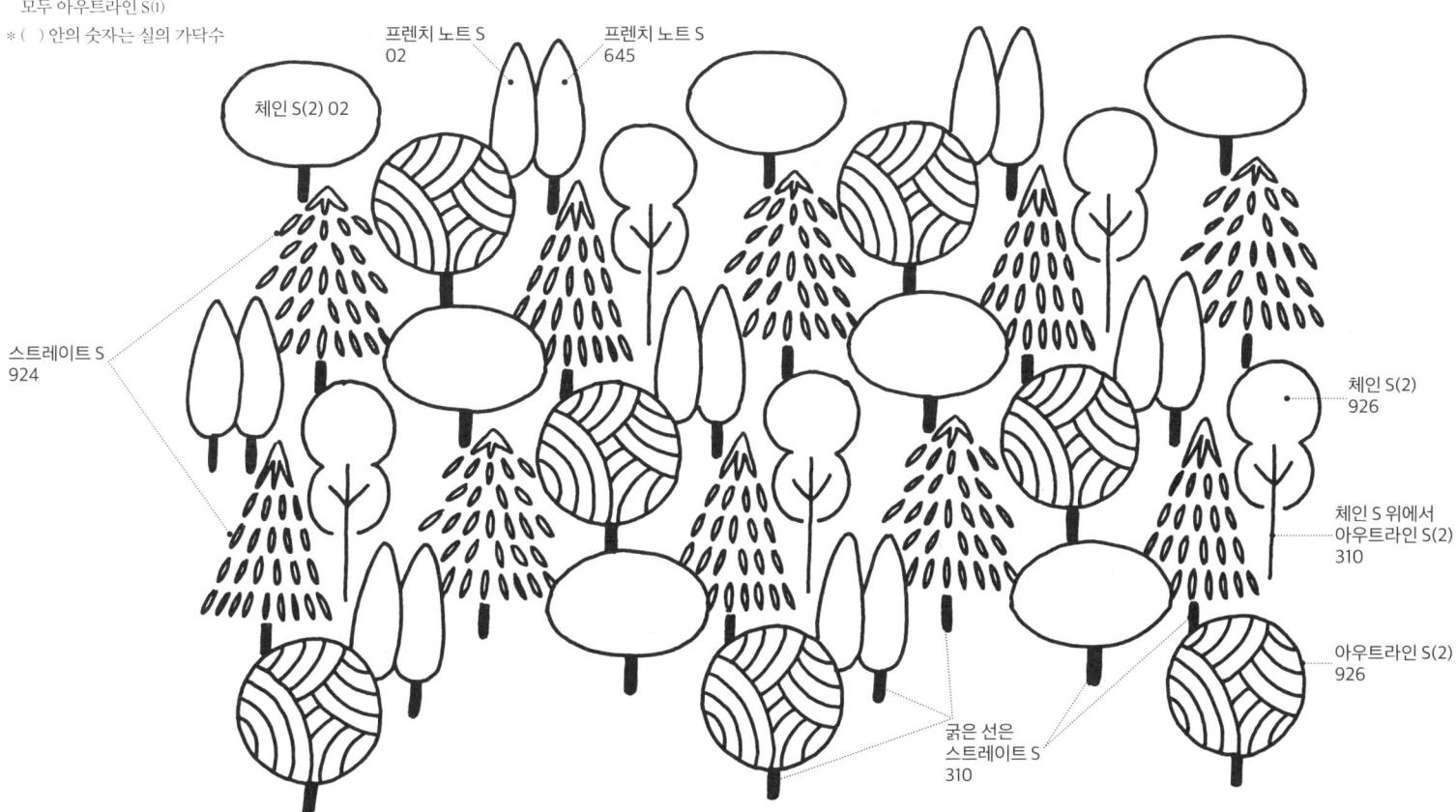

프렌치 노트 S
02

프렌치 노트 S
645

체인 S(2) 02

스트레이트 S
924

체인 S(2)
926

체인 S 위에서
아웃라인 S(2)
310

아웃라인 S(2)
926

굵은 선은
스트레이트 S
310

Chicken and egg

닭과 달걀 (page 50)

◎ DMC 25번 자수실 310, 520, 646, 733, 919, 3865

＊ 지정된 것 이외에는 새틴 S

＊ 지정된 것 이외에는 2겹

＊ ( ) 안의 숫자는 실의 가닥수

Song

시계 (page 13)

● 완성 사이즈
  지름 21.5cm

◎ DMC 25번 자수실 168, 640, 920, 950, 3051,
  3768, 3778 1타래씩

● 재료
  겉감: 리넨(빨간색) 35cm×35cm, 퀼트심 25cm×
  25cm, 손바느질용 실(색은 취향대로) 80cm 정도, 시
  계판 바탕(목제 원형) 지름 21.5×두께 1.3cm, 쿼츠 무
  브먼트 1개

  * 롱 샤프트(시계판 바탕 3~19mm용)를 사용, 벽걸이용
  고리 1개, 고무 패킹 1개, 문자판 고정 너트 1개, 시곗
  바늘(시침, 분침, 초침) 1개씩

● 만드는 법

1

겉감 겉쪽에 도안(실물 크기 패턴 A면)을 옮겨 그리고 중심
을 표시한 뒤에 수를 놓는다(수놓는 법은 p.62). 겉감을 다려
서 모양을 정리한 뒤에 시계판 바탕을 천 중심에 맞추고
가장자리에 시접을 6cm 두어 둥글게 재단한다. 이때 핑
킹가위를 사용하면 더 좋다.

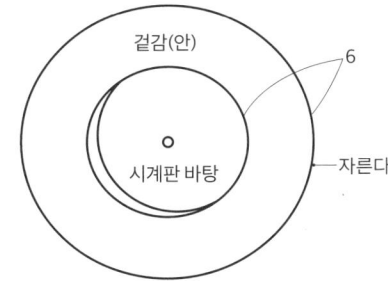

2

가장자리에서 2cm 정도 안쪽을 손바느질용 실로 홈질한
다. 실과 바늘은 그대로 남겨 둔다.

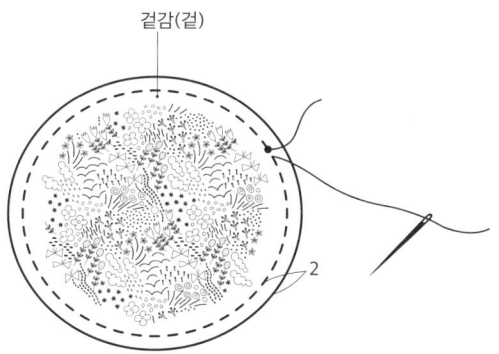

3

퀼트심을 시계판 바탕과 같은 크기로 잘라 둔다. 겉감
안쪽 면에 퀼트심과 시계판 바탕을 중심을 맞춰서 겹치
고, 홈질한 실을 세게 당겨서 천을 조인다.

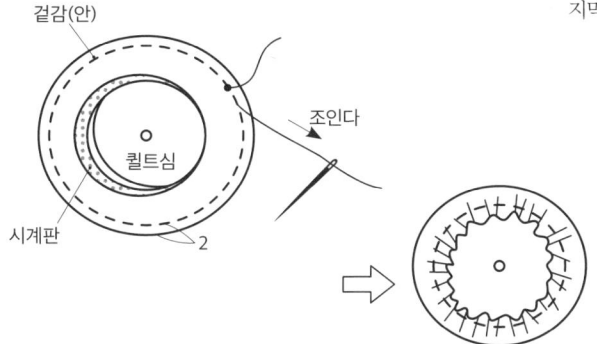

4

시계를 그림의 순서대로 조립한다. 겉감 중심에 작게 구
멍을 뚫고, 벽걸이용 고리와 고무 패킹을 끼운 무브먼트
를 시계판 중심 구멍에 끼운다. 겉면에 문자판 고정 너트
를 끼워서 고정한 뒤에 시곗바늘을 순서대로 끼운다. 마
지막에 건전지를 넣고 시각을 맞춘다.

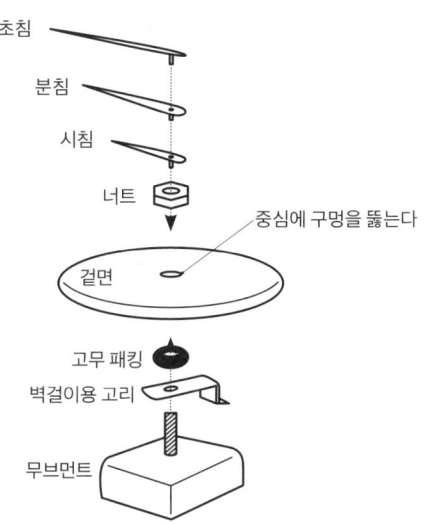

Apple life cycle

주방 장갑 (page 15)

● 완성 사이즈 18cm×28cm (오른손용)

◎ DMC 25번 자수실 ecru, 22, 168, 310,
   898 1타래씩, 169 2타래

● 재료
   겉감: 리넨(연한 파란색) 40cm×50cm
   안감: 누빔천(무염색) 40cm×50cm
   루프감: 리넨(연한 파란색) 10cm×4cm,
   재봉실(연한 파란색) 적당량

● 만드는 법

1

루프감을 네 겹이 되도록 다려서 접고 한쪽 가장자리에
스티치한다.

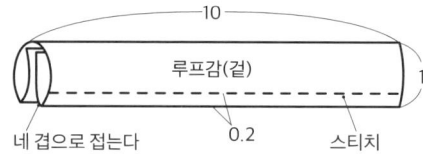

네 겹으로 접는다   0.2   스티치

루프감(겉)   10   1

2

겉감 겉쪽에 도안(실물 크기 패턴 A면)을 옮겨 그리고 수를
놓는다(수놓는 법은 p.63). 겉감을 다려서 모양을 정리한 뒤
에 안쪽에 패턴선을 옮겨 그리고 가장자리에 시접을 1cm
두어 재단한다. 겉감은 1장 더 준비한다. 안감도 같은 방
법으로 2장 재단한다.

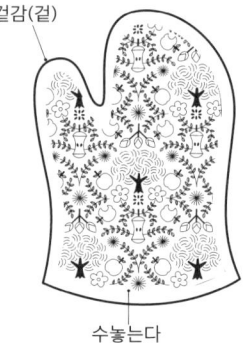

겉감(겉)

수놓는다

3

2의 겉감을 겉끼리 맞대고, 루프 다는 위치에 반으로
접은 1의 루프를 접은 부분이 안쪽으로 가도록 끼운 뒤
에 바닥 변을 남기고 가장자리를 박는다. 시접은 0.5cm
정도 남도록 가지런히 자르고 곡선 시접 부분에 가위집
을 넣는다. 안감은 옆선에 창구멍을 남기고 같은 방법
으로 박는다.

누빔천을 안감으로 사용할 때
누빔천은 두께가 있기 때문에 겉감과 같은 크기로 자
르면 다 만들었을 때 안쪽이 늘어진다. 누빔천을 겉감
보다 조금 크기를 작게 하여(0.2cm 정도가 기준) 박으면
완성했을 때 모양이 깔끔해진다.

안감에만
창구멍 7

② 박는다

③ 곡선 부분에 가위
집을 넣는다

겉감(안)

1

2

① 루프는 접은 부분이
안쪽으로 가도록 끼
운다

* 누빔천 안감은 곡선에 가위집을
넣지 않고 시접을 0.2cm 정도 남
기고 가지런히 잘라 두면 좋다.

4

3의 안감에 겉감을 겉끼리 맞닿게 넣고 바닥 변을 한 바
퀴 돌아가며 박는다. 창구멍을 통해 겉으로 뒤집고 다려
서 모양을 정리한다. 창구멍은 공그르기로 막는다.

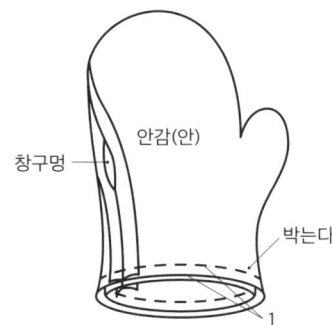

안감(안)

창구멍

박는다

1

Girl

파우치 (page 17)

- 완성 사이즈 12cm×12cm
- ◎ DMC 25번 자수실 733, 829, 932, 950, 3042, 3832, 3850 1타래씩
- 재료
  겉감: 리넨(연분홍색) 20cm×30cm
  안감: 리넨(흰색) 20cm×65cm
  리본: 폭 1cm×30cm 2개, 재봉실(연분홍색) 적당량

- 만드는 법

1

겉감 겉쪽에 도안(p.64)을 옮겨 그리고 수를 놓는다. 겉감을 다려서 모양을 정리한 뒤에 안쪽에 그림 치수대로 완성선을 그리고 네 변에 시접을 1cm 두어 재단한다.

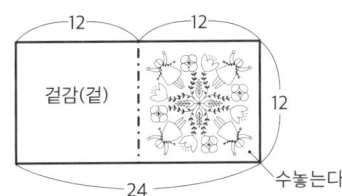

2

안감은 그림 치수대로 완성선을 그리고 가장자리에 시접을 1cm 두어 재단한다.

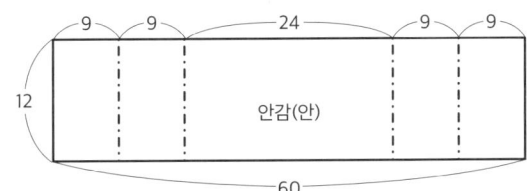

3

겉감과 안감을 그림처럼 겉끼리 맞대고 리본을 끼워서 박는다.

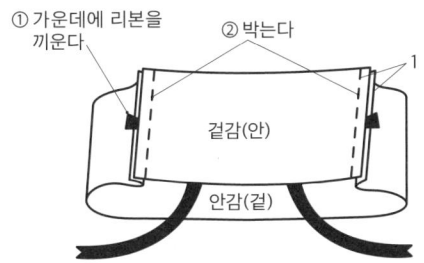

4

안감을 그림처럼 좌우를 9cm 폭으로 병풍 모양으로 접은 뒤에 창구멍을 남기고 위아래를 박는다.

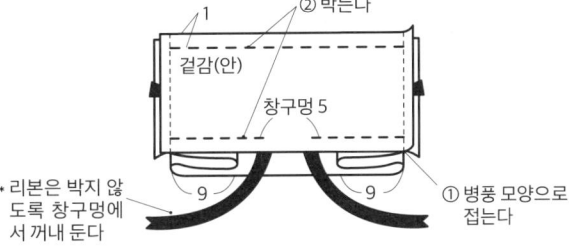

5

창구멍을 통해 겉으로 뒤집고 다려서 모양을 정리한다. 창구멍은 공그르기로 막는다.

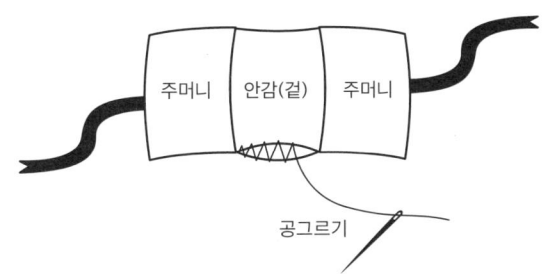

Ribbon

선물 주머니 (page 19)

- 완성 사이즈 15cm×30cm
- ◎ DMC 25번 자수실 01, 04, 150, 3687 1타래씩
- 재료
  겉감: 리넨(검은색) 20cm×40cm
  안감: 리넨(검은색) 20cm×40cm
  벨벳 리본(검은색): 폭 1cm×35cm 2개,
  재봉실(검은색) 적당량

● 만드는 법

1

겉감 겉쪽에 도안(p.65)을 옮겨 그리고 수를 놓는다. 겉감을 다려서 모양을 정리한 뒤에 안쪽에 그림 치수대로 완성선을 그리고 네 변에 시접을 1cm 두어 재단한다. 안감도 같은 방법으로 재단한다.

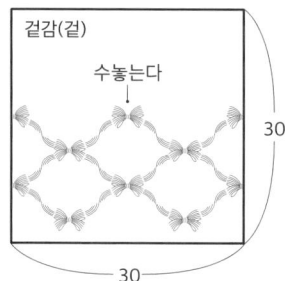

겉감(겉)

수놓는다

30

30

2

겉감을 겉끼리 맞닿게 반으로 접고 위에서부터 8cm 위치에 리본을 끼워서 박는다. 시접은 다려서 가른다. 안감도 창구멍을 남기고 같은 방법으로 박는다.

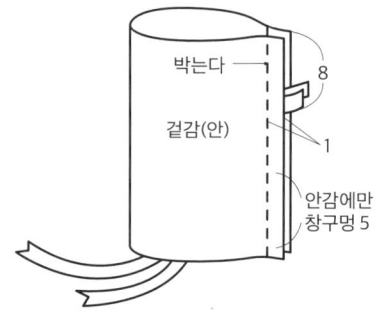

박는다

8

겉감(안)

1

안감에만
창구멍 5

3

겉감을 솔기가 가운데에 오도록 다시 접고 바닥을 박는다. 안감도 같은 방법으로 박는다.

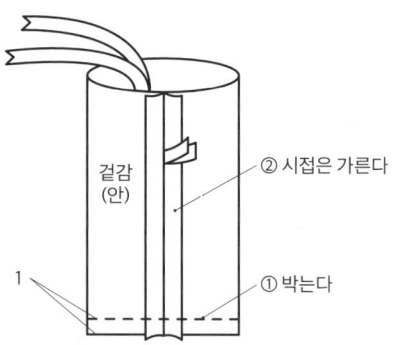

겉감
(안)

② 시접은 가른다

1

① 박는다

4

안감에 겉감을 겉끼리 맞닿게 넣고 주머니 입구를 한 바퀴 돌아가며 박는다.

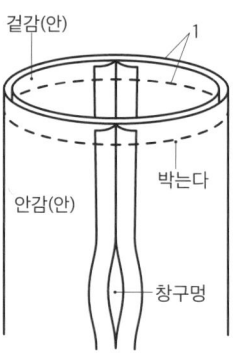

겉감(안)

1

박는다

안감(안)

창구멍

5

창구멍을 통해서 겉으로 뒤집고 다려서 모양을 정리한다. 창구멍은 공그르기로 막는다.

Merry-go-round

직사각형 파우치 (page 21)

● 완성 사이즈 20cm×13cm

◎ DMC 25번 자수실 224, 310, 501, 611, 645,
733, 932, 3865 1타래씩

● 재료
겉감: 리넨(파란색) 25cm×45cm
안감 1: 리넨(파란색) 25cm×15cm
안감 2: 리넨(흰색) 25cm×30cm
끈: 폭 0.5cm×6cm 1개
단추: 지름 1.5cm 1개, 재봉실(흰색) 적당량

● 만드는 법

1

겉감 겉쪽에 도안(p.66)을 옮겨 그리고 수를 놓는다. 겉감을 다려서 모양을 정리한 뒤에 안쪽에 아래 그림 치수대로 완성선을 그리고 네 변에 시접을 1cm 두어 재단한다.

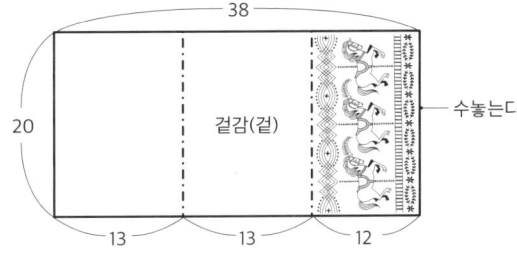

38 / 20 / 겉감(겉) / →수놓는다 / 13 / 13 / 12

2

안감은 그림 치수대로 완성선을 그리고 네 변에 시접을 1cm 두어 재단한다.

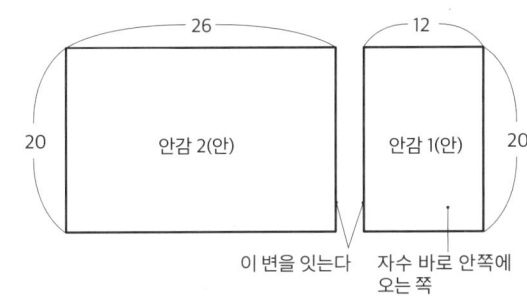

26 / 12 / 20 / 안감 2(안) / 안감 1(안) / 20 / 이 변을 잇는다 / 자수 바로 안쪽에 오는 쪽

3

2의 안감을 겉끼리 맞대고 한 변을 가장자리에서 1cm 위치에서 잇는다. 시접을 다려서 가른다.

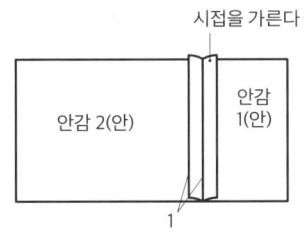

시접을 가른다 / 안감 2(안) / 안감 1(안) / 1

4

1의 겉감과 3의 안감을 겉끼리 맞대고, 반으로 접은 끈을 접은 부분이 안쪽으로 오도록 끼우고 양 옆선을 박는다.

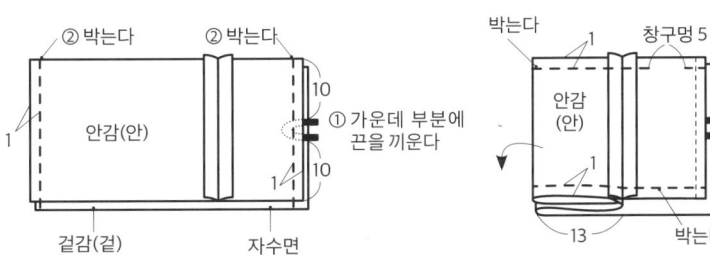

② 박는다 / ② 박는다 / 안감(안) / 10 / ① 가운데 부분에 끈을 끼운다 / 1 / 1 / 10 / 겉감(겉) / 자수면

5

4의 한쪽을 그림처럼 안쪽에 접고, 창구멍을 남기고 위아래를 박는다.

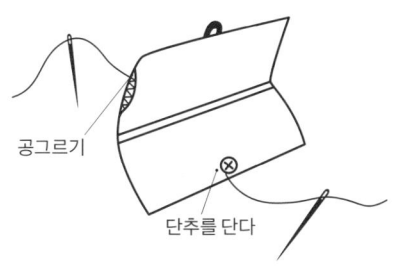

박는다 / 1 / 창구멍 5 / 안감(안) / 1 / 13 / 박는다

6

창구멍을 통해 겉으로 뒤집고 다려서 모양을 정리한다. 창구멍은 공그르기로 막고 단추를 단다.

공그르기 / 단추를 단다

Soil and roots

화분 덮개 (page 23)

● 완성 사이즈
　세로 20cm×가로 10cm×높이 25cm
◎ DMC 25번 자수실 310, 319, 502, 833,
　986, 3033, 3363, 3790, 3865 1타래
　씩
● 재료
　겉감: 리넨(황갈색) 45cm×30cm
　안감: 리넨(흰색) 45cm×30cm
　루프감: 리넨(황갈색) 12cm×4cm
　단면 접착퀼트심(얇은 소프트 타입) 40cm
　×25cm, 재봉실(황갈색) 적당량

● 만드는 법

1

루프감을 네 겹이 되도록 다려서 접고 한쪽 가장자리에 스티치한다.

네 겹으로 접는다
12
루프감(겉)
1
0.2
스티치

2

겉감 겉쪽에 도안(p.67)을 옮겨 그리고 수를 놓는다. 겉감을 다려서 모양을 정리한 뒤에 안쪽에 그림 치수대로 완성선을 그리고 가장자리에 시접을 1cm 두어 재단한다. 안감도 같은 방법으로 재단한다.

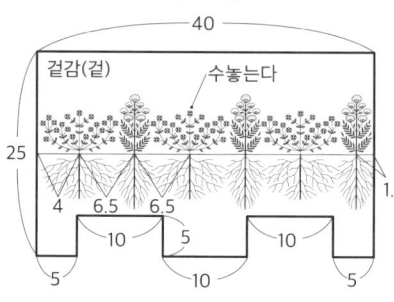

40
겉감(겉)　수놓는다
25
1.5
4　6.5　6.5
10　5　10
5　10　5

3

단면 접착퀼트심을 그림 치수대로 재단한다. 겉감 안쪽 면에 단면 접착퀼트심의 접착면을 맞대고 다림천을 덮은 뒤에 다리미를 위에서 누르듯이 하여 접착한다.
＊안감에는 퀼트심을 붙이지 않는다.

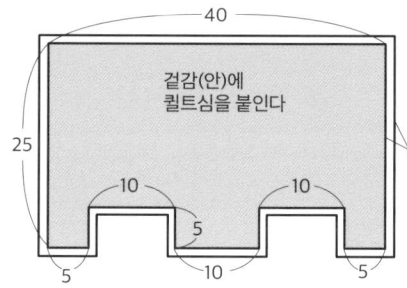

40
겉감(안)에
퀼트심을 붙인다
25
1
10　10
5　5
5　10　5

4

3의 다림질한 열이 식을 때까지 놔뒀다가 퀼트심이 완전히 접착되면 겉감을 겉끼리 맞닿게 반으로 접어서 박는다. 안감도 창구멍을 남기고 같은 방법으로 박는다.

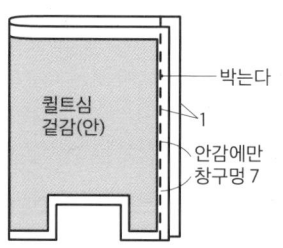

박는다
퀼트심
겉감(안)
1
안감에만
창구멍 7

5

겉감을 솔기가 가운데에 오도록 다시 접어서 바닥을 박는다. 안감도 같은 방법으로 박는다.

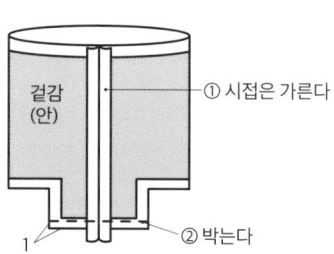

겉감
(안)
① 시접은 가른다
1
② 박는다

6

겉감의 바닥면 시접을 다려서 가르고, 옆선과 바닥의 가장자리를 겹쳐서 주머니 모양이 되도록 박는다. 안감도 같은 방법으로 박는다.

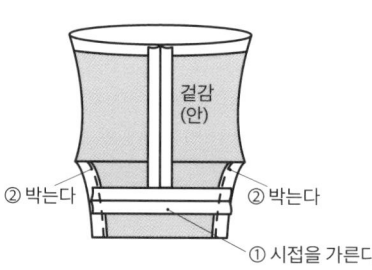

겉감
(안)
② 박는다　② 박는다
① 시접을 가른다

7

안감에 겉감을 겉끼리 맞닿게 겹치고, 반으로 접은 루프를 끼운 뒤에 입구를 한 바퀴 돌아가며 박는다. 창구멍을 통해 겉으로 뒤집고 다려서 모양을 정리한다. 창구멍은 공그르기로 막는다.

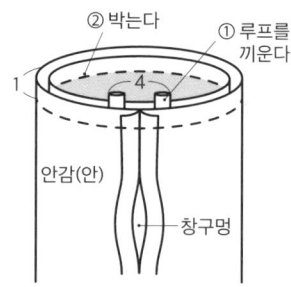

② 박는다　① 루프를 끼운다
1　4
안감(안)
창구멍

Flower hexagon

컵 받침 (page 25)

- 완성 사이즈 13.5cm×13.5cm
- ◎ DMC 25번 자수실 310, 319, 832, 986, 3782
  1타래씩
- 재료
  겉감: 리넨(흰색) 20cm×20cm
  안감: 리넨(흰색) 20cm×20cm, 재봉실(흰색)
  적당량

● 만드는 법

1

겉감 겉쪽에 도안(p.68)을 옮겨 그리고 수를 놓는다. 겉감을 다려서 모양을 정리한 뒤에 안쪽에 패턴선을 그리고 가장자리에 시접을 1cm 두어 재단한다. 안감도 같은 방법으로 재단한다.

2

겉감과 안감을 겉끼리 맞대어 창구멍을 남기고 한 바퀴 돌아가며 박는다.

3

창구멍을 통해서 겉으로 뒤집고 다려서 모양을 정리한다. 창구멍은 공그르기로 막는다.

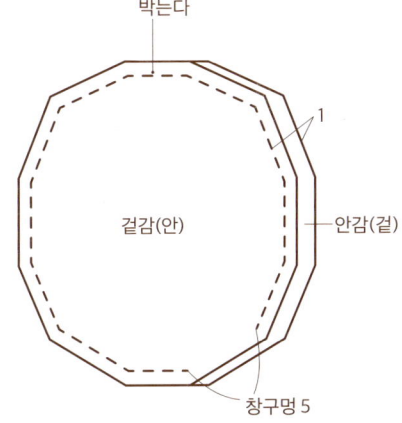

박는다

1

겉감(안)

안감(겉)

창구멍 5

Circus

옷걸이 덮개 (page 27)

- **완성 사이즈** 40cm×19cm
- ◎ DMC 25번 자수실 310, 829, 950, 3865
  1타래씩
- **재료**
  겉감: 리넨(내추럴) 45cm×25cm 2장, 재봉실
  (내추럴) 적당량, 옷걸이 1개
  술 장식: DMC 25번 자수실 ecru 2타래

● 만드는 법

1

겉감 1장의 겉쪽에 도안(실물 크기 패턴 A면)을 옮겨 그리고 수를 놓는다(수놓는 법은 p.69). 겉감을 다려서 모양을 정리한 뒤에 안쪽에 패턴선을 그리고 가장자리에 시접을 1cm 두어 재단한다. 다른 겉감 1장도 같은 방법으로 재단한다.

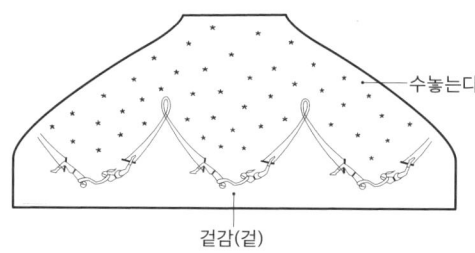

수놓는다

겉감(겉)

2

옷걸이의 고리가 나오는 윗부분 시접을 두 번 접어서 스티치한다. 다른 겉감 1장도 같은 방법으로 처리한다.

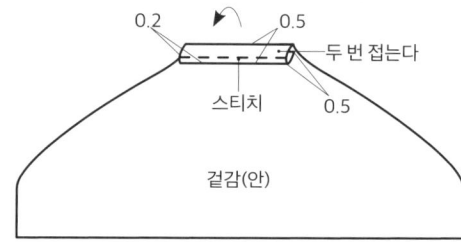

0.2   0.5
두 번 접는다
스티치
0.5

겉감(안)

3

겉감 2장을 겉끼리 맞대고 양 옆선을 박는다. 시접의 곡선 부분에 가위집을 넣는다.

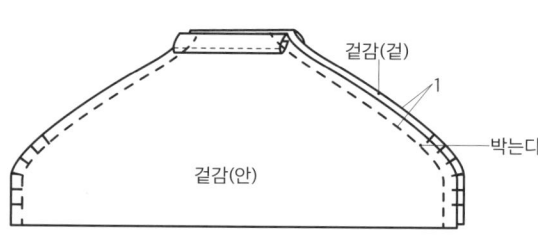

겉감(겉)
1
박는다
겉감(안)

4

겉으로 뒤집고 다려서 모양을 정리한다. 바닥 쪽 시접을 두 번 접어서 한 바퀴 돌아가며 스티치한다.

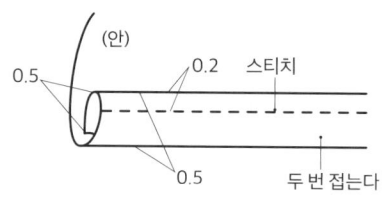

(안)
0.5   0.2   스티치
0.5
두 번 접는다

5

술 장식을 7개 만든다(p.89 참조). 아래쪽에서 옷걸이를 끼우고 바닥 7군데에 술 장식을 단다.

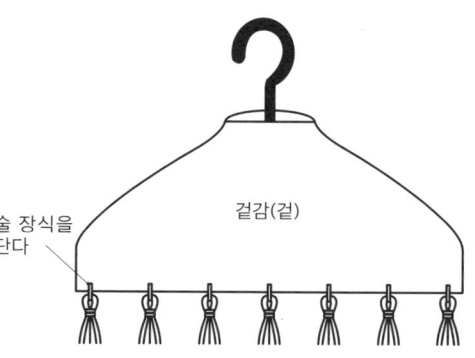

술 장식을
단다
겉감(겉)

● 술 장식 만드는 법

1

폭 4cm 두꺼운 종이에 자수실을 20번 정도 감는다. 바늘에는 실을 40cm 정도 꿰어 둔다.

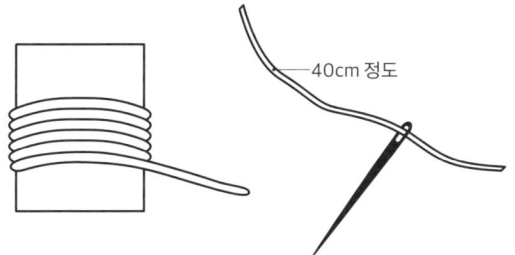

40cm 정도

2

감은 실을 두꺼운 종이에서 살짝 빼서, 바늘에 꿴 실로 한 군데를 감아서 고정한다.

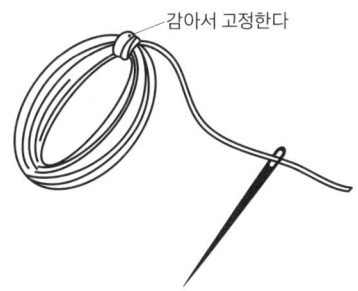

감아서 고정한다

3

달고 싶은 자리에 2를 꿰매어 달고 실을 자른다.

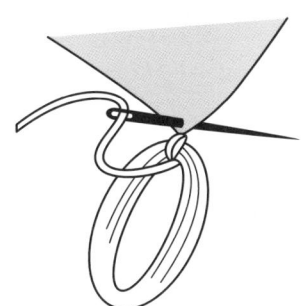

4

위에서부터 0.5cm 위치에 다시 실을 감는다.

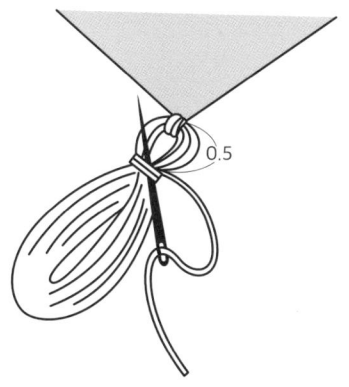

0.5

5

가위로 고리를 자르고 실을 고르게 다듬는다.

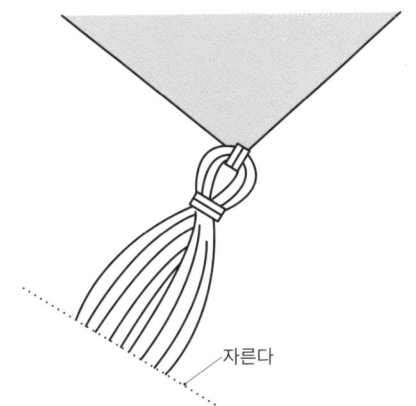

자른다

Light

미니 크로스백 (page 29)

- 완성 사이즈 12cm×20cm
- ◎ DMC 25번 자수실 05, 310 1타래씩
- 재료
  겉감: 리넨(다크그레이) 20cm×50cm
  안감: 리넨(다크그레이) 20cm×50cm
  어깨끈감: 리넨(다크그레이) 75cm×3cm,
  단면 접착퀼트심(얇은 소프트 타입) 12cm×
  40cm
  끈(다크그레이): 폭 1.5cm×6cm 1개
  단추: 지름 1.5cm 1개, 재봉실(다크그레이)
  적당량

● 만드는 법

1

어깨끈감을 네 겹이 되도록 다려서 접고 한쪽 가장자리에 스티치한다.

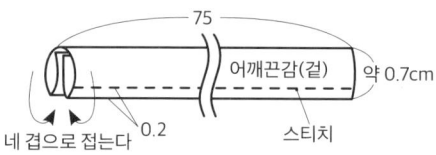

75
어깨끈감(겉)
약 0.7cm
네 겹으로 접는다
0.2
스티치

2

겉감 겉쪽에 도안(실물 크기 패턴 A면)을 옮겨 그리고 수를 놓는다(수놓는 법은 p.70). 겉감을 다려서 모양을 정리한 뒤에 안쪽에 패턴선을 그리고 그림처럼 같은 치수의 직사각형을 연결한 뒤 네 변에 시접을 1cm 두어 재단한다. 안감도 같은 방법으로 재단한다.

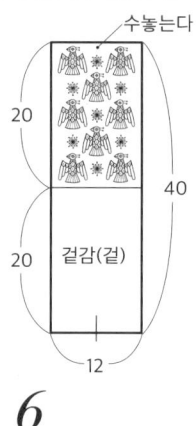

수놓는다
20
20
40
겉감(겉)
12

3

단면 접착퀼트심을 2의 그림 크기로 재단한다. 겉감 안쪽 면에 단면 접착퀼트심의 접착면을 맞대고 다림천을 덮은 뒤에 다리미를 위에서 누르듯이 하여 접착한다.
* 안감에는 퀼트심을 붙이지 않는다.

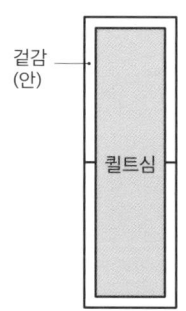

겉감
(안)
퀼트심

4

3의 다림질한 열이 식을 때까지 놔뒀다가 퀼트심이 완전히 접착되면 겉감을 겉이 맞닿게 반으로 접어서 양 옆선을 박는다. 안감은 창구멍을 남기고 같은 방법으로 박는다.

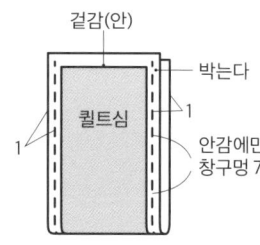

겉감(안)
박는다
퀼트심
1
1
안감에만
창구멍 7

5

안감에 겉감을 겉끼리 맞닿게 넣고, 끈 다는 위치에 반으로 접은 끈을, 양 끝에 1의 어깨끈을 끼우고 가방 입구를 한 바퀴 돌아가며 박는다.
* 어깨끈 부분은 몇 번 되돌려박기를 하면 튼튼하게 보강된다.

겉감(안)
어깨끈
끈(접은 부분을 안쪽으로)
박는다
어깨끈
1
안감(안)

6

창구멍을 통해 겉으로 뒤집고 다려서 모양을 정리한다. 창구멍은 공그르기로 막는다. 가방 입구에 단추를 단다.

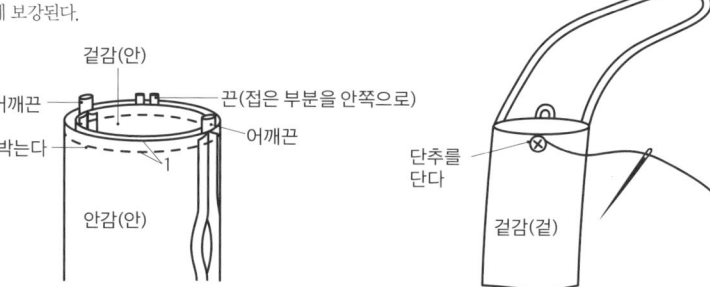

단추를
단다
겉감(겉)

Wave

미니 쿠션 (page 31)

- ● 완성 사이즈 35cm×25cm
- ◎ DMC 25번 자수실 ecru 3타래
- ● 재료
  겉감: 리넨(남색) 40cm×20cm 2장, 재봉
  실(남색) 적당량, 수예솜 130g 정도
  술 장식: DMC 25번 자수실 939 2타래

● 만드는 법

1

겉감 1장의 겉쪽에 도안(p.71)을 옮겨 그리고 수를 놓는다.
겉감을 다려서 모양을 정리한 뒤에 안쪽에 그림 치수대로
완성선을 그리고 네 변에 시접을 1cm 두어 재단한다. 다
른 겉감 1장도 같은 방법으로 재단한다.

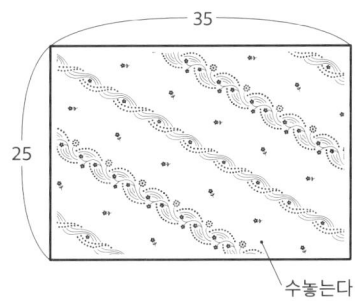

2

겉감 2장을 겉끼리 맞대어 창구멍을 남기고 한 바퀴 돌아가며
박는다.

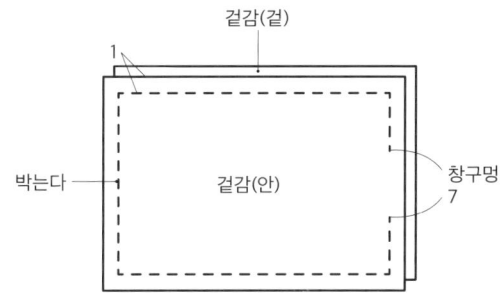

3

창구멍을 통해 겉으로 뒤집고 다려서 모양을 정리한
다. 창구멍으로 솜을 넣는다.

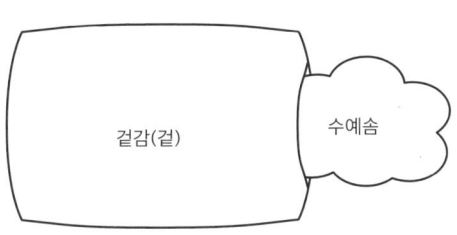

4

창구멍은 공그르기로 막는다. 술 장식을 네 개 만들어서(p.89)
쿠션 네 귀퉁이에 하나씩 단다.

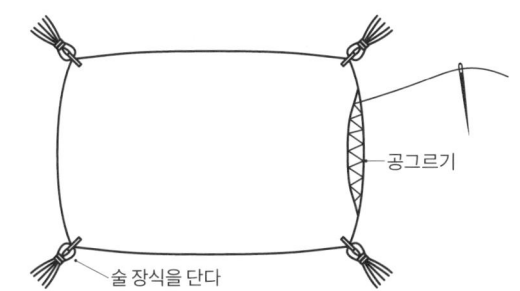

Houses

열쇠 케이스 (page 33)

● 완성 사이즈 7cm×10cm (몸판 부분)

◎ DMC 25번 자수실 310, 3866 1타래씩

● 재료

겉감: 리넨(황갈색) 20cm×25cm

안감: 리넨(무염색) 15cm×25cm, 단면 접
착퀼트심(얇은 소프트 타입) 15cm×20cm

가죽끈: 폭 0.3cm×30cm 1개

열쇠고리용 고리: 지름 3cm 1개, 재봉실
(황갈색) 적당량

● 만드는 법

1

겉감 겉쪽에 도안(실물 크기 패턴 A면)을 옮겨 그리고 수를
놓는다(수놓는 법은 p.72). 겉감을 다려서 모양을 정리한 뒤
에 안쪽에 패턴선을 그리고 가장자리에 시접을 1cm 두어
재단한다. 겉감은 1장 더 준비한다. 안감도 같은 방법으
로 2장 재단한다.

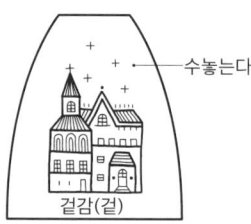

← 수놓는다

겉감(겉)

2

단면 접착퀼트심을 패턴선 크기로 2장 재단한다. 겉감 안
쪽 면에 단면 접착퀼트심의 접착면을 맞대고 다림천을 덮
은 뒤에 위에서 다리미로 누르듯이 하여 접착한다. 다른
겉감 1장에도 같은 방법으로 퀼트심을 붙인다.

＊안감에는 퀼트심을 붙이지 않는다.

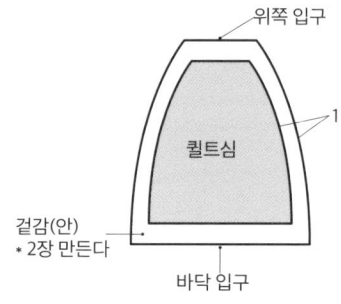

위쪽 입구

퀼트심

1

겉감(안)

＊2장 만든다

바닥 입구

3

2의 다림질한 열이 식을 때까지 놔뒀다가
퀼트심이 완전히 접착되면 겉감을 겉끼리
맞대고 양 옆선을 박는다. 안감도 같은 방
법으로 박는다. 시접은 0.5cm 정도 남도록
가지런히 자르고 곡선 시접 부분에 가위집
을 넣는다.

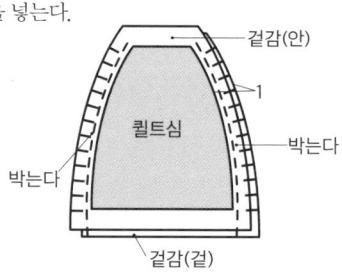

겉감(안)

1

퀼트심

박는다

박는다

겉감(겉)

4

겉감과 안감의 위쪽 입구 시접 부분을 벌려
서 겉끼리 맞대고 한 바퀴 돌아가며 손바느
질로 꿰맨다.

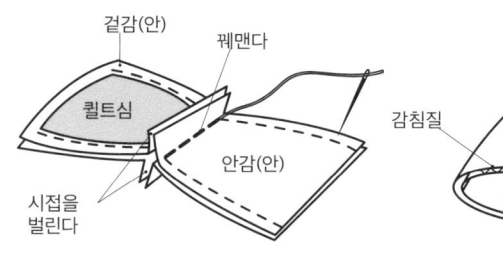

겉감(안)

꿰맨다

퀼트심

안감(안)

시접을
벌린다

5

겉감을 바닥 입구를 통해 겉으로 뒤집고 다
려서 모양을 정리한다. 겉감과 안감의 바닥
입구 시접을 안쪽으로 접어 넣어서 겹치고
감침질한다.

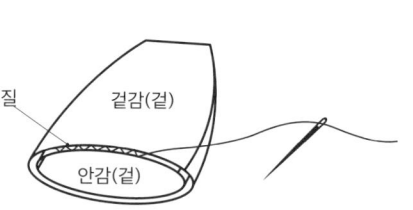

감침질

겉감(겉)

안감(겉)

6

가죽끈을 반으로 접어서 접은 부분에 열쇠
고리용 고리를 묶고 아래에서 끼운다. 가죽
끈 끝을 한 번 묶는다.

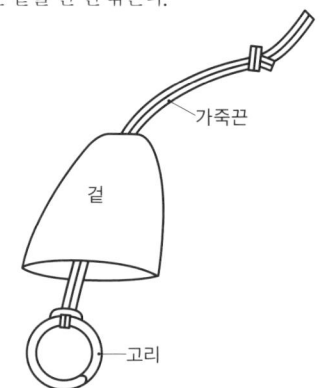

가죽끈

겉

고리

Road

북 커버 & 책갈피 (page 35)

[북 커버]
- 완성 사이즈 31cm×16cm
- ◎ DMC 25번 자수실 823, 840, 918, 3866 1타래씩
- 재료
  겉감: 리넨(무염색) 45cm×25cm
  안감: 리넨(흰색) 45cm×25cm
  리본(무염색): 폭 1cm×20cm 1개,
  재봉실(무염색) 적당량

[책갈피]
- 완성 사이즈 6cm×11cm
- ◎ DMC 25번 자수실 3866 1타래
- 재료
  겉감(남색) 15cm×20cm 2장, 양면
  접착심 10cm×15cm
  리본(빨간색): 폭 0.5cm×10cm
  1개, 재봉실(남색) 적당량
  완성용 스티치: DMC 25번 자수실
  823 1타래

● **북 커버 만드는 법**

1

겉감 겉쪽에 도안(p.73)을 옮겨 그리고 수를 놓는다. 겉감을 다려서 모양을 정리한 뒤에 그림 치수대로 완성선을 그리고 가장자리에 시접을 1cm 두어 재단한다. 안감도 같은 방법으로 재단한다.

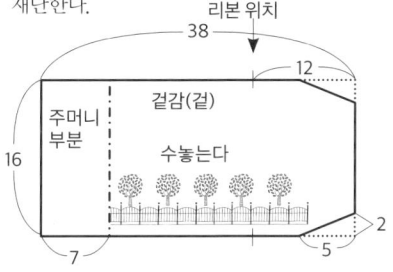

2

겉감과 안감을 겉끼리 맞대고 주머니 쪽 변을 박는다.

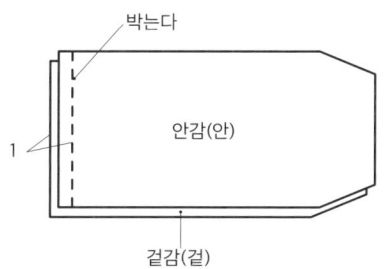

3

그림 위치에 리본을 끼우고 주머니 부분을 안쪽으로 접어 넣는다. 창구멍과 주머니 쪽을 남기고 가장자리를 박는다. 시접은 0.5cm 정도 남도록 가지런히 자르고 모서리 부분에 가위집을 넣는다.

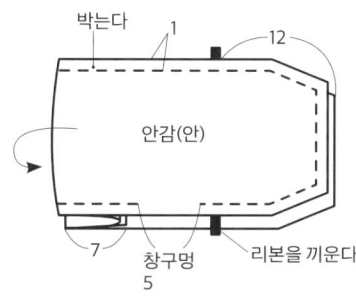

4

창구멍을 통해 겉으로 뒤집고 다려서 모양을 정리한다. 창구멍은 공그르기로 막는다.

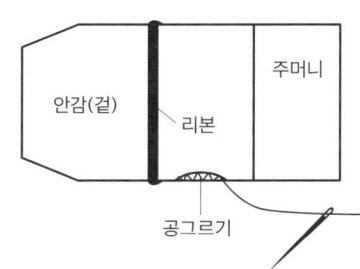

● **책갈피 만드는 법**

1

겉감 겉쪽에 도안(p.73)을 옮겨 그리고 수를 놓는다. 겉감을 다려서 모양을 정리한 뒤에 안쪽에 패턴선을 그리고 네 변에 시접을 0.5cm 두어 재단한다. 다른 겉감 1장과 양면 접착심도 같은 방법으로 재단한다.

2

겉감 2장의 사이에 양면 접착심과 반으로 접은 리본을 끼우고 다리미로 눌러서 접착한다.

3

완성선을 천과 같은 색 실로 꿰맨다.

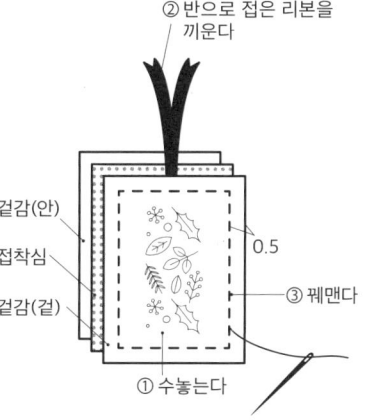

Crown

왕관 (page 37)

- 완성 사이즈 42cm×9cm (몸판 부분)
- ◎ DMC 25번 자수실 739, 833, 869, 895, 3346 1타래씩
- 재료
  겉감: 리넨(무염색) 50cm×20cm 2장
  리넨 리본(무염색): 폭 4cm×50cm 2개, 재봉실(무염색) 적당량

● 만드는 법

1

겉감 1장의 겉쪽에 도안(p.74)을 옮겨 그리고 수를 놓는다. 겉감을 다려서 모양을 정리한 뒤에 안쪽에 패턴선을 그리고 가장자리에 시접을 1cm 두어 재단한다. 다른 겉감 1장도 같은 방법으로 재단한다.

2

겉감 2장을 그림처럼 겉끼리 맞대고 양 옆선에 리본을 끼운 뒤에 창구멍을 남기고 한 바퀴 돌아가며 박는다. 시접은 0.5cm 정도 남도록 가지런히 자르고 모서리 부분에는 가위집을 넣는다.

3

창구멍을 통해 겉으로 뒤집고 다려서 모양을 정리한다. 창구멍은 공그르기로 막는다.

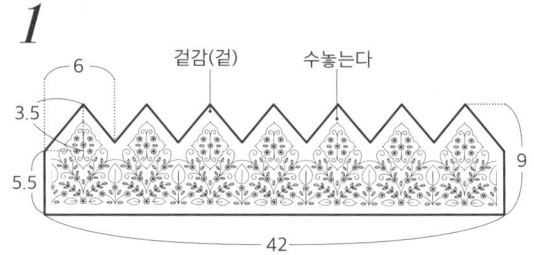

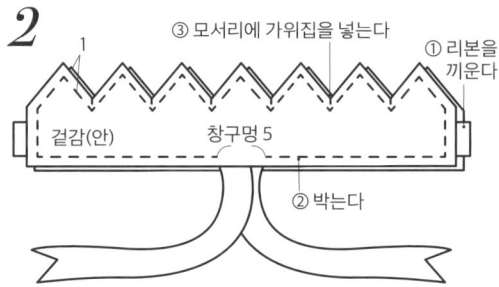

Blessed flower

덧칼라 (page 39)

- 완성 사이즈 목둘레 37cm
- ◎ DMC 25번 자수실 522, 600, 834, 904, 962, 986, 3755, 3847, 3865 1타래씩
- 재료
  겉감: 리넨(흰색) 40cm×20cm 2장
  리본(흰색): 폭 1cm×30cm 2개, 재봉실(흰색) 적당량

● 만드는 법

1

겉감 1장의 겉쪽에 도안(실물 크기 패턴 A면)을 옮겨 그리고 수를 놓는다(수놓는 법은 p.75). 겉감을 다려서 모양을 정리한 뒤에 안쪽에 패턴선을 그리고 가장자리에 시접을 1cm 두어 재단한다. 다른 겉감 1장도 같은 방법으로 재단한다.

2

겉감 2장을 그림처럼 겉끼리 맞대고 그림 위치에 리본을 끼운 뒤에 창구멍을 남기고 한 바퀴 돌아가며 박는다. 시접의 곡선 부분에는 가위집을 넣는다.

3

창구멍을 통해 겉으로 뒤집고 다려서 모양을 정리한다. 창구멍은 공그르기로 막는다.

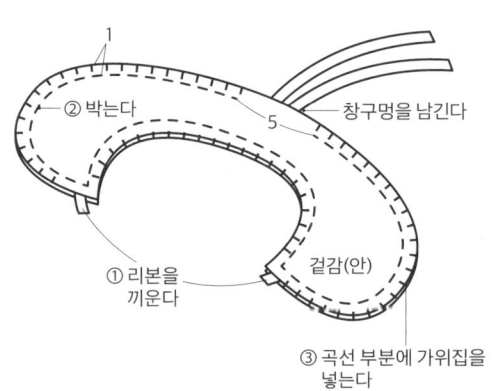

Eden

숄더백 (page 41)

- 완성 사이즈 35cm×27cm (어깨끈 제외)
- ◎ DMC 25번 자수실 3033 약 3타래
- 재료
  - 겉감: 리넨(분홍색) 40cm×60cm
  - 안감: 리넨(무염색) 40cm×60cm
  - 어깨끈감: 리넨(분홍색) 45cm×10cm
  - 리본감: 리넨(분홍색) 35cm×4cm 2장, 재봉
  - 실(분홍색) 적당량

● 만드는 법

1

어깨끈감을 아래 그림처럼 네 겹이 되도록 다려서 접고 양 가장자리에 스티치한다. 리본감도 같은 방법으로 접고 한쪽 가장자리에 스티치한다.

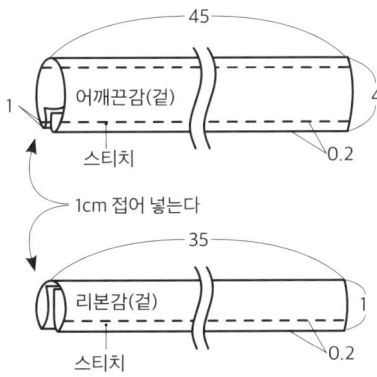

2

겉감 겉쪽에 도안(p.76)을 옮겨 그리고 수를 놓는다. 겉감을 다려서 모양을 정리한 뒤에 안쪽에 그림 치수대로 완성선을 그리고 네 변에 시접을 1cm 두어 재단한다. 안감도 같은 방법으로 재단한다.

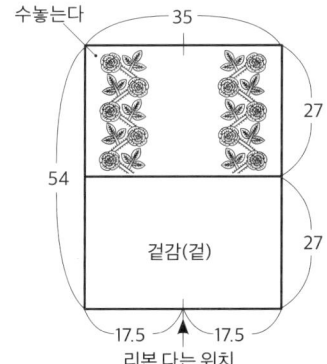

3

겉감을 겉끼리 맞닿게 반으로 접어서 양 옆선을 박는다. 시접은 다려서 가른다. 안감은 창구멍을 남기고 같은 방법으로 박는다.

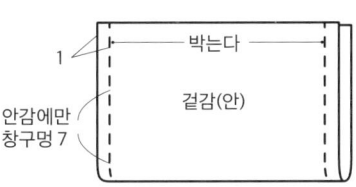

4

안감에 겉감을 겉끼리 맞닿게 넣어서 겹친다. 양 가장자리에 1의 어깨끈을, 가방 입구 가운데에 1의 리본을 그림처럼 끼운 뒤에 가방 입구를 한 바퀴 돌려가며 박는다.

* 어깨끈 부분은 몇 번 되돌려박기를 하면 튼튼하게 보강된다.

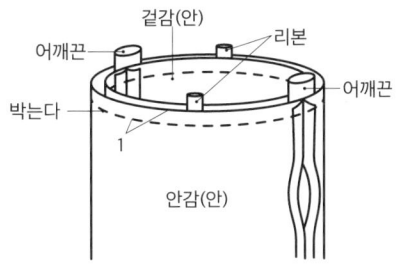

5

창구멍을 통해 겉으로 뒤집고 다려서 모양을 정리한다. 창구멍은 공그르기로 막는다.

Flower scale pattern

조리개 주머니 (page 43)

● 완성 사이즈 23.5cm×31.5cm

◎ DMC 25번 자수실 28, 223, 224, 500, 647,
3721, 3866 1타래씩

● 재료
겉감(리넨(흰색) 30cm×70cm
안감(리넨(연회색) 30cm×60cm
끈 통로감(리넨(흰색) 25cm×15cm
끈(흰색): 폭 1cm×50cm 2개, 재봉실(흰색) 적당량

● 만드는 법

1

끈 통로감은 네 변에 시접을 1cm 두어 2장 재단한다. 짧은 변의 양 끝 시접을 접어서 스티치하고 다시 반으로 접는다.

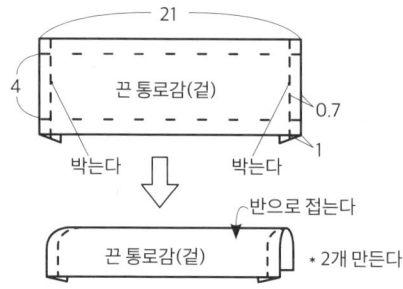

2

겉감 1장의 겉쪽에 도안(실물 크기 패턴 B면)을 옮겨 그리고 수를 놓는다(수놓는 법은 p.77). 겉감을 다려서 모양을 정리한 뒤에 안쪽에 패턴선을 그리고 가장자리에 시접을 1cm 두어 재단한다. 겉감을 1장 더 준비한다.

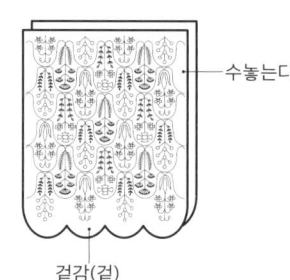

3

안감 안쪽에 그림 치수대로 그리고 네 변에 시접을 1cm 두어 재단한다. 이것을 겉끼리 맞닿게 반으로 접은 뒤에 창구멍을 남기고 양 옆선을 박는다.

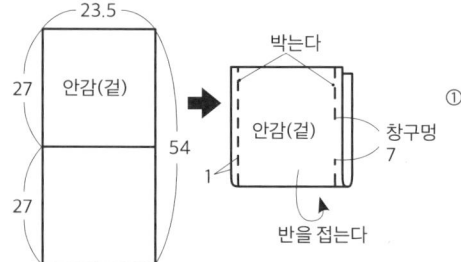

4

2의 겉감을 겉끼리 맞대어 창구멍을 남기고 가장자리를 박는다. 곡선 시접 부분에 가위집을 넣는다.

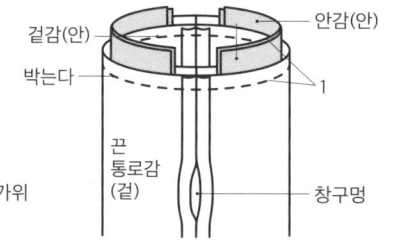

5

3의 안감에 겉감을 겉끼리 맞닿게 넣는다. 사이에 1의 끈 통로감 2장을 각각 접은 부분이 아래를 향하게 끼운 뒤에 주머니 입구를 한 바퀴 돌아가며 박는다.

* 몇 번 되돌려박기를 하면 튼튼하게 보강된다.

6

창구멍을 통해 겉으로 뒤집고 다려서 모양을 정리한다. 창구멍은 공그르기로 막는다. 끈 통로 부분에 좌우에서 각각 끈을 끼워서 끝을 묶는다.

Four seasons flower

천 상자 (page 45)

- 완성 사이즈 세로 9cm×가로 9cm×높이 4.5cm
- ◎ DMC 25번 자수실 501, 502, 554, 739, 832, 931, 3755, 3866 1타래씩
- 재료
  겉감 뚜껑용: 리넨(어두운 초록색) 30cm×30cm
  안감 뚜껑용: 리넨(초록색) 25cm×25cm
  겉감 몸판용: 리넨(어두운 초록색) 30cm×30cm
  안감 몸판용: 리넨(초록색) 25cm×25cm, 단면 접착 퀼트심(얇은 소프트 타입) 20cm×40cm, 재봉실(초록색) 적당량

● 만드는 법

1

겉감 뚜껑용 겉쪽에 도안(실물 크기 패턴 B면)을 옮겨 그리고 수를 놓는다(수놓는 법은 p.75). 다려서 모양을 정리한 뒤에 안쪽에 패턴선을 그리고 가장자리에 시접을 1cm 두어 재단한다. 안감 뚜껑용도 같은 방법으로 재단한다.

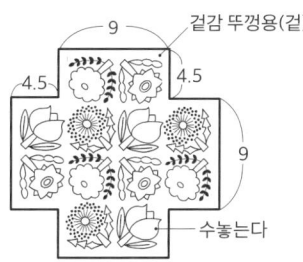

2

겉감 몸판용 안쪽에 그림 치수대로 그리고 가장자리에 시접을 1cm 두어 재단한다. 안감 몸판용도 같은 방법으로 재단한다.

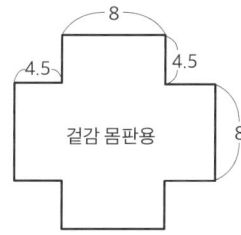

3

퀼트심을 1과 2의 크기로 각각 1장씩 재단한다. 겉감 뚜껑용과 겉감 몸판용의 안쪽 면에 단면 접착퀼트심의 접착면을 맞대고 다림천을 덮은 뒤에 다리미를 위에서 누르듯이 하여 접착한다.

* 안감에는 퀼트심을 붙이지 않는다.

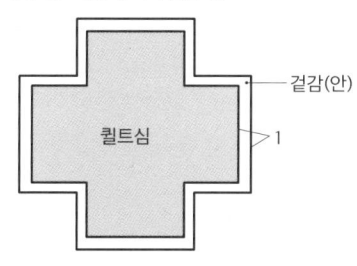

4

3의 다림질한 열이 식을 때까지 놔뒀다가 퀼트심이 완전히 접착되면 겉감의 짧은 변끼리 이어서 상자 모양으로 만든다. 안감도 같은 방법으로 뚜껑용과 몸판용을 각각 박는다.

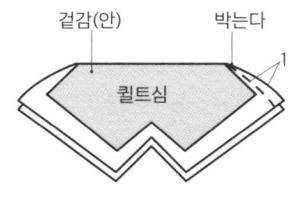

5

안감에 겉감을 겉끼리 맞닿게 넣어서 겹치고, 창구멍을 남기고 한 바퀴 돌아가며 박는다. 뚜껑용과 몸판용 모두 각각 잇는다.

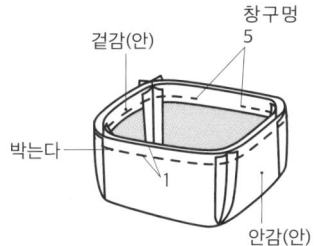

6

창구멍을 통해 겉으로 뒤집고 다려서 모양을 정리한다. 창구멍은 공그르기로 막는다.

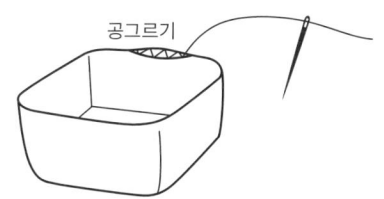

Ivy

팔찌 (page 47)

- 완성 사이즈 17cm×5.5cm
- ◎ DMC 25번 자수실 610 1타래
- 재료
  겉감: 리넨(검은색) 25cm×15cm 2장, 단면 접착퀼트심
  (얇은 소프트 타입) 17cm×5.5cm
  끈(검은색): 폭 0.5cm×6cm 1개
  단추: 지름 1.5cm 1개, 재봉실(검은색) 적당량

● 만드는 법

1

겉감 1장의 겉쪽에 도안(p.78)을 옮겨 그리고 수를 놓는다.
겉감을 다려서 모양을 정리한 뒤에 안쪽에 패턴선을 그리
고 네 변에 시접을 1cm 두어 재단한다. 다른 겉감 1장도
같은 방법으로 재단한다.

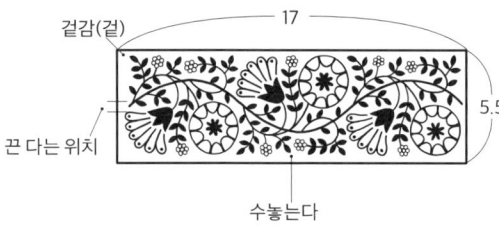

2

겉감 2장을 겉끼리 맞댄다. 끈 다는 위치에 반으로 접은
끈을 접은 부분이 안쪽으로 가도록 끼운 뒤에 창구멍을
남기고 한 바퀴 돌아가며 박는다. 단면 접착퀼트심의 접
착면을 자수 위치의 안쪽에 놓고 다림천을 덮어서 다리미
를 위에서 누르듯이 하여 접착한다.

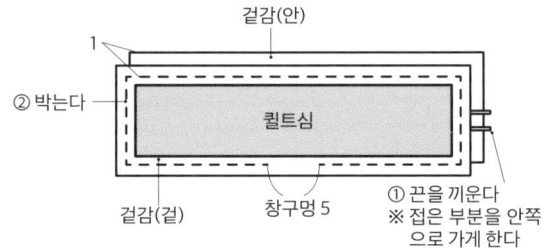

3

2의 다림질한 열이 식을 때까지 놔뒀다가 퀼트심이 완전
히 접착되면 시접을 0.5cm 정도 남도록 가지런히 자른 뒤
에 창구멍을 통해서 겉으로 뒤집는다. 다시 다려서 모양
을 정리하고, 창구멍은 공그르기로 막는다.

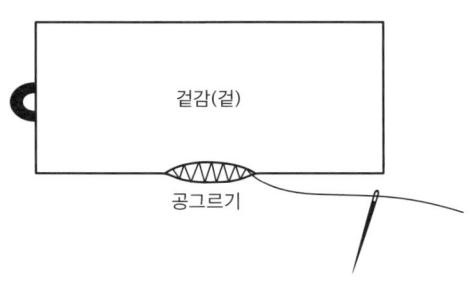

4

겉감에 단추를 단다.

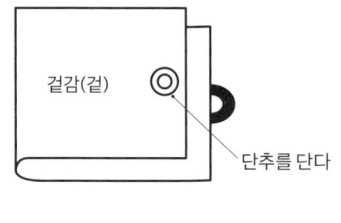

The trees

산 모양 티 코지 (page 49)

- 완성 사이즈 31cm×21cm
- ◎ DMC 25번 자수실 3024 3타래
- 재료
  겉감: 리넨(어두운 초록색) 40cm×60cm
  안감: 누빔천(무염색) 40cm×60cm
  루프감: 리넨(어두운 초록색) 10cm×4cm, 재봉실(어두운 초록색) 적당량

● 만드는 법

1

루프감을 네 겹이 되도록 다려서 접고 한쪽 가장자리에 스티치한다.

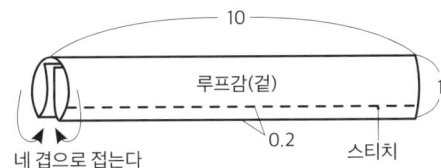

네 겹으로 접는다   0.2   스티치
10
루프감(겉)
1

2

겉감 1장의 겉쪽에 도안(실물 크기 패턴 B면)을 옮겨 그리고 수를 놓는다(수놓는 법은 p.79). 겉감을 다려서 모양을 정리한 뒤에 안쪽에 패턴선을 그리고 가장자리에 시접을 1cm 두어 재단한다. 겉감은 1장 더 준비한다. 안감도 같은 방법으로 2장 재단한다.

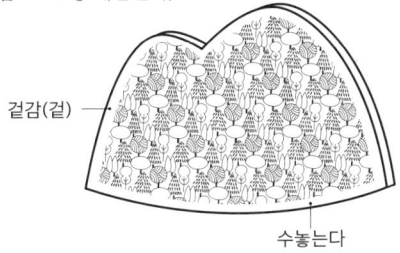

겉감(겉)

수놓는다

3

2의 겉감을 겉끼리 맞대고, 루프 다는 위치에 1의 반으로 접은 루프를 접은 부분이 안쪽으로 가게 끼운 뒤에 바닥 변을 남기고 가장자리를 박는다. 시접은 0.5cm 정도 남도록 가지런히 자르고, 곡선 부분 시접에는 가위집을 넣는다. 안감도 옆선에 창구멍을 남기고 같은 방법으로 박는다.

* p.82의 3을 참고한다.

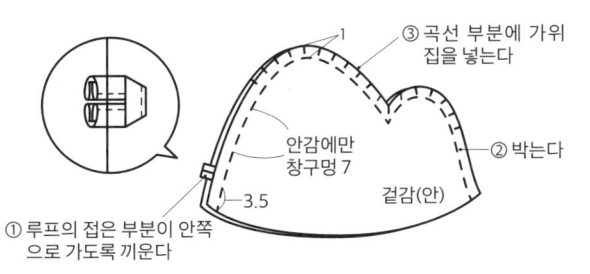

① 루프의 접은 부분이 안쪽으로 가도록 끼운다

③ 곡선 부분에 가위집을 넣는다

안감에만 창구멍 7

② 박는다

1

3.5

겉감(안)

4

3의 안감에 겉감을 겉끼리 맞닿게 넣고 바닥 변을 한 바퀴 돌아가며 박는다.

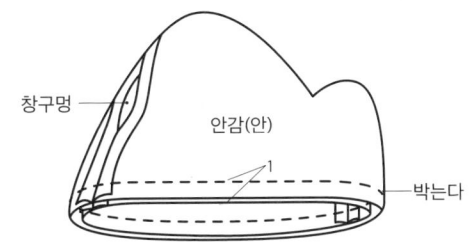

창구멍

안감(안)

1

박는다

5

창구멍을 통해 겉으로 뒤집고 다려서 모양을 정리한다. 창구멍은 공그르기로 막는다.

Chicken and egg

미니 바구니 (page 51)

- 완성 사이즈 지름 10cm×높이 5cm
- ◎ DMC 25번 자수실 310, 520, 646, 733, 919, 3865
  1타래씩
- 재료
  겉감: 리넨(회색) 50cm×20cm
  안감: 리넨(회색) 50cm×20cm
  손잡이감: 리넨(회색) 12cm×4cm 2장, 단면 접착퀼트심(얇은 소프트 타입) 40cm×20cm, 재봉실(회색) 적당량

● 만드는 법

1

손잡이감을 네 겹이 되도록 다려서 접고 한쪽 가장자리에 스티치한다. 이것을 2개 만든다.

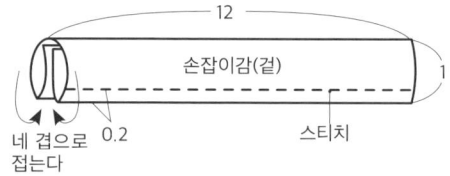

2

겉감 겉쪽에 도안(실물 크기 패턴 B면)을 옮겨 그리고 수를 놓는다(수놓는 법은 p.80). 겉감을 다려서 모양을 정리한 뒤에 안쪽에 패턴선을 그리고 네 변에 시접을 1cm 두어 재단한다. 안감도 같은 방법으로 재단한다. 바닥면도 겉감과 안감을 1장씩 재단한다.

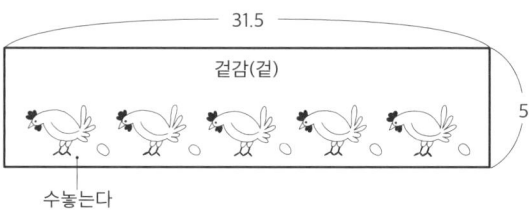

3

단면 접착퀼트심을 그림 치수대로 재단한다. 겉감 안쪽면에 단면 접착퀼트심의 접착면을 맞대고 다림천을 덮은 뒤에 다리미를 위에서 누르듯이 하여 접착한다. 겉감 바닥면도 같은 방법으로 퀼트심을 붙인다.
＊안감에는 퀼트심을 붙이지 않는다.

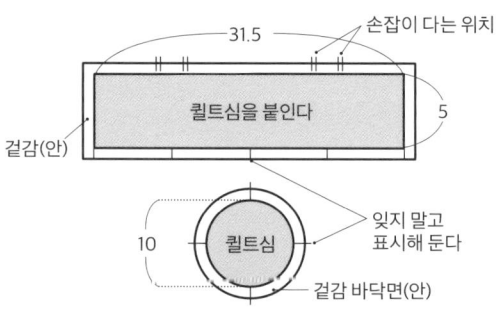

4

3의 다림질한 열이 식을 때까지 놔뒀다가 퀼트심이 완전히 접착되면 겉감을 겉끼리 맞닿게 반으로 접어서 옆선을 박는다. 안감도 같은 방법으로 박는다.

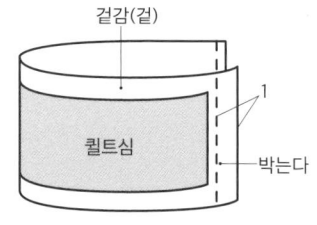

5

4의 겉감에 3의 바닥면을 겉끼리 맞대고 시침핀으로 촘촘하게 고정한 뒤에 박는다. 시접은 0.5cm 정도 남도록 가지런히 자르고, 곡선 부분 시접에는 가위집을 넣는다. 안감도 같은 방법으로 박는다.
＊바닥을 박을 때는 시침질하면 어긋나지 않고 박을 수 있다.

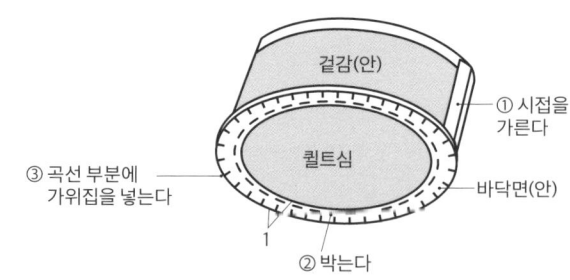

6

안감에 겉감을 겉끼리 맞닿게 넣는다. 손잡이 다는 위치
에 반으로 접은 손잡이감을 각각 끼운 뒤에 창구멍을 남
기고 윗부분을 한 바퀴 돌아가며 박는다.

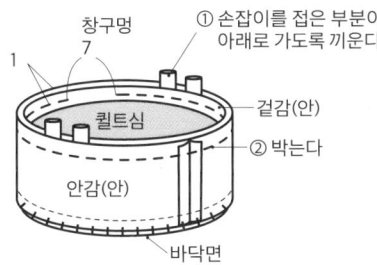

창구멍 7

① 손잡이를 접은 부분이
아래로 가도록 끼운다

겉감(안)

② 박는다

퀼트심

안감(안)

바닥면

One line flowers

센터 테이블클로스 (page 3)

- 완성 사이즈 58cm×15cm
- ◎ DMC 25번 자수실 3777 약 3타래
- 재료
  겉감: 리넨(무염색) 65cm×20cm 2장, 재봉실(무염
  색) 적당량

7

창구멍을 통해 겉으로 뒤집고 다려서 모양을 정리한다.
창구멍은 공그르기로 막는다.

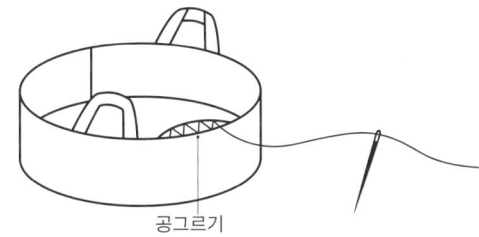

공그르기

● 만드는 법

1

겉감 겉쪽에 도안(실물 크기 패턴 B면)을 옮겨 그리고 수를 놓는
다. 겉감을 다려서 모양을 정리한 뒤에 안쪽에 그림 치수대로
완성선을 그리고 네 변에 시접을 1cm 두어 재단한다. 다른
겉감 1장도 같은 방법으로 재단한다.

2

겉감 2장을 겉끼리 맞대어 창구멍 7cm를 남기고 한 바퀴 돌
아가며 박는다.

3

창구멍을 통해 겉으로 뒤집고 다려서 모양을 정리한다. 창구
멍은 공그르기로 막는다.

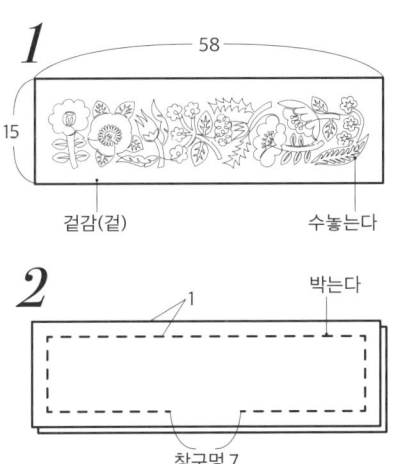

1

58

15

겉감(겉)   수놓는다

2

1

박는다

창구멍 7

HIGUCHI YUMIKO TSUNAGARU SHISHU

Copyright ©Yumiko Higuchi 2021 Original Japanese edition published by
Original Japanese edition published by
EDUCATIONAL FOUNDATION BUNKA GAKUEN BUNKA PUBLISHING BUREAU
Korean translation rights arranged with
EDUCATIONAL FOUNDATION BUNKA GAKUEN BUNKA PUBLISHING BUREAU
through Japan UNI Agency, Inc., Tokyo and BC Agency, Seoul

히구치 유미코의
연결 자수

1판 1쇄 발행 | 2022년 5월 3일
1판 2쇄 발행 | 2024년 12월 13일

지은이 히구치 유미코
옮긴이 남궁가윤
펴낸이 김기옥

실용본부장 박재성
편집 실용2팀 이나리, 장윤선
마케터 이지수
지원 고광현, 김형식

디자인 푸른나무디자인
인쇄·제본 민언프린텍

펴낸곳 한스미디어(한즈미디어(주))
주소 121-839 서울시 마포구 양화로 11길 13(서교동, 강원빌딩 5층)
전화 02-707-0337 | **팩스** 02-707-0198 | **홈페이지** www.hansmedia.com
출판신고번호 제 313-2003-227호 | **신고일자** 2003년 6월 25일

ISBN 979-11-6007-802-2 13630

재료 협력

리넨버드
DMC

촬영 협력

AWABEES
북 디자인: 세키 히로아키 (미스터 유니버스)
촬영: 아라이 아키코
스타일링: 마에다 가오리
헤어·메이크업: KOMAKI (nomadica)
모델: Cailyn Nelson, Sofia Gheorghiu (Sugar&Spice)
도면&DTP: 후지시로 요시에
교열: 무카이 마사코
편집: 쓰치야 마리코 (3season) 다나카 가오루 (문화출판국)